华为员工
培训读本系列

华为
自我管理法

高效能人士的职场素养法则

张继辰◎著

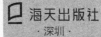 海天出版社
·深圳·

图书在版编目（CIP）数据

华为自我管理法：高效能人士的职场素养法则 / 张
继辰著 . — 深圳：海天出版社，2019.2
　（华为员工培训读本系列）
　ISBN 978-7-5507-2342-9

　Ⅰ．①华…　Ⅱ．①张…　Ⅲ．①通信企业－企业管理－
深圳　Ⅳ．① F632.765.3

　中国版本图书馆CIP数据核字(2018)第035984号

华为自我管理法：高效能人士的职场素养法则
HUAWEI ZIWO GUANLI FA：GAOXIAO NENG RENSHI DE ZHICHANG SUYANG FAZE

出 品 人　聂雄前
责任编辑　邱玉鑫　张绪华
责任技编　陈洁霞
封面设计　元明·设计

出版发行　海天出版社
地　　址　深圳市彩田南路海天综合大厦（518033）
网　　址　www.htph.com.cn
订购电话　0755-83460397（批发）　83460239（邮购）
设计制作　深圳市知行格致文化传播有限公司　Tel：0755-83464427
印　　刷　深圳市希望印务有限公司
开　　本　787mm×1092mm　1/16
印　　张　16.5
字　　数　200千
版　　次　2019年2月第1版
印　　次　2019年2月第1次
定　　价　58.00元

前 言

30 多年来，华为专心专意做了一件事——连接。华为人不仅仅是去世界看一看，而是服务于全世界超 30 亿人。

华为收入规模在 2017 年的时候，是 6000 亿元人民币。这个规模带动了近万亿规模的产业链，间接推动两百多万人就业。只要是数据经过的地方，都有华为的产品和服务。华为这 30 多年来所做的最大贡献就是消除数字鸿沟。

正如任正非所说："我们提供的产品与服务已无处不在，无时不在，无论在缺氧的高原、赤日炎炎的沙漠、天寒地冻的北冰洋、布满地雷的危险地区，还是森林、河流、海洋……只要地球有人的地方，都会有覆盖。"

华为得到了世界的认可，全球 500 强榜，华为在 2010 年第一次上榜排在 397 位，2017 年是 83 位，7 年上升了 314 位。

华为作为我国高科技领域的领先者，无疑是中国当前最优秀、最成功的标杆企业之一。华为的技术能力发展迅猛，华为的销售能力咄咄逼人，这是因为有一批勤奋努力、奋勇直前的华为人。

华为人比谁都相信努力奋斗的意义，不然华为也不会"以奋斗者为本"。

华为人从来不会只是看起来很努力，他们会在自我管理的基础上，进行高效的工作。这正是华为公司一直以来都在做的事情。华为公司为了让人——这个最大的资本——发挥最大效率，花费巨额学费向西方学习管理，学习流程优化等。而这一切的一切都是建立在华为人的自我管理的基础之上。自我管理是管理的最高形式，是管理的最高境界。

美国管理大师德鲁克表示："我们必须学会自我发展，必须知道把自己放在什么样的位置上，才能做出最大的贡献，而且还必须在长达50年的职业生涯中保持着高度的警觉和投入——也就是说，我们得知道自己应该何时换工作，以及该怎么换。"

自我管理是对自己人生和实践的一种自我调节，也是人生成功的催化剂。只有学会自我管理的人，才会拼了命，尽了兴，才不会为"如何平衡工作和生活"这个问题而苦恼。

自我管理是一门科学，也是一门艺术。《华为自我管理法》这本书中有相当比例的华为人的真实案例，给我们指明了努力的方向，也为有志于提升自身能力的我们提供了实用的方法和工具。我们不仅应该认真学习思考，而且应该身体力行。

卓有成效地完成工作并不是天才独享的权利，只要你按照本书的指导，坚持实践，就能掌握并提升你的自我管理的能力。学会自我管理，逐步走向自我完善，最大限度地激发自身潜能，实现人生的最大价值。

本书是献给职场人士的，也是给将要踏入职场的人们，更是给每一个想要积极向上的人的。它只回答一个问题：如何才能卓有成效。

目录

CONTENT

第 **1** 章

认识你自己

大家要正确估计自己，然后作出对自己的正确判断，
这样才能够充分发挥自己的作用。

——任正非

» 第一节 认识自己的长处

　　法国有一个贫困潦倒的年轻人，流浪到巴黎，找到父亲的好友，期望他能为自己找一个谋生的差事。父亲的好友问他有什么专长，比如说会数学、物理、历史、会计什么的。年轻人窘迫地低下头，羞愧地说自己似乎一无所长。父亲的好友想了想说："那你先写下你的地址，我总得给你找个活做啊。"年轻人不好意思地把自己的住址写下，刚想转身离去，却被父亲的朋友一把拉住说："年轻人，你怎么说你没有特长呢，你的名字写得多好啊……""能写好自己的名字也叫特长？"年轻人不解地转过身疑惑地看着父亲的好友。"当然，字反映了一个人的文化修养，一个人的内涵……"父亲的好友意味深长地说，"人要有自信心，找工作之前，首先要找到自己的特长，并把自己的特长发挥到极致……"听了父亲好友的一席话，年轻人使劲地点点头，后来他结合自己的特长找了一所中学教授法文，度过了一段艰苦的岁月。也就是从那时开始，这位年轻人认识到了自己在文学方面的天赋和特长，并开始发挥这个特长，他就是后来写出享誉世界的经典文学巨著的法国19世纪著名作家大仲马。

　　丹麦某医药跨国公司进驻中国的时候，北京某区域的地产非常便宜。有中国员工建议公司可以投资地产，并预言某个位置以后肯定会抢手。第二天，老板召集全体员工开会，向员工陈述公司发展的历程，并强调"专注"于自己擅长的领域才能获得成功。公司曾经面对很多的诱惑，但从来没有偏离自己的方向。后来员工建议投资的某区域地产果然涨势凶猛，但该公司却已发展成为本领域占世界市场份额一半以上的主导公司。

该公司的成功在于它能认识到自己的长处，并且懂得经营自己的长处。

很多时候，我们看一个人的价值，会将这个人的缺点与优势的个数相加减，如果我们用缺点减去优点，往往得出这个人价值的负值。殊不知，一个人的最大的长处在数量上可能只有一个，但其产生的价值效益却可能大得无可估量。管理学家德鲁克有一句名言："人的长处，才是一种真正的机会。"

所以说，比起补齐短板，发挥自己的长处，将长板做长显得更为重要。多数人都以为他们知道自己擅长什么。其实不然，更多的情况是，人们只知道自己不擅长什么——即便是在这一点上，人们也往往认识不清。然而，一个人要有所作为，只能靠发挥自己的长处，从事自己不太擅长的工作是无法取得成就的，更不用说那些自己根本干不了的事情了。

如何发现自己的长处，现代管理学之父德鲁克给了我们一些建议："去关注的是自己的绩效和自己的成果，并努力从中找到一种模式。去问问，哪些事情别人做起来相当费力，我做起来却轻而易举？"

这个"模式"，就可能是我们的长处，德鲁克也提供了另一种更具有操作性的工具"反馈分析法"。德鲁克是一个反对绝对主义的人，但是，他依然有点绝对地说："我们只有一种办法了解我们的长处，即反馈分析法。"

方法很简单。"利用反馈分析法来明确自己的长处。把你的每个关键决定、关键行动和期望的结果都写下来。在9到12个月后，把实际的结果和预期比较一下。如此这般进行了一段时间之后，你就可以通过分析发现自己的长处。"

这个世界上我们能做的事情很多，但是适合自己的事情却并不多。找到适合自己的才能充分发挥自己的能力，只有这样我们才能更接近成功。

美国政治家、物理学家本杰明·富兰克林曾经说过："宝物放错了地方便是废物。"在人生的坐标上，如果你站错了位置，不仅不会成功，甚至会变成一场悲剧。这个社会上的职业我们能做的很多，但并不是什么都适合，只有做适合自己的，你才能燃烧你所有的热情，也才能做得得心应手。盲目地选择能做的职业，只会让你在接连不断的失败中渐渐意志消沉，低迷地生活下去。

美国作家马克·吐温50岁的时候，名气很大了，他所写的书有不少都成了畅销书。出版商看准这一行情，争相出版他的作品，因此而发财的大有人在。看着自己作品的出版收入大部分落入出版商的腰包，而自己只能拿到其中的十分之一，马克·吐温颇有感触。他决心当个出版商，自己出版自己的作品。可是，马克·吐温没有任何建立和管理一家出版公司的经验，就连起码的财会知识都不懂。他只好请来30岁的外甥韦伯斯特当公司的经理。马克·吐温自己出版的第一本书是他的小说《哈克贝利·费恩历险记》。这本书以深刻的思想和新颖的文笔，受到广大读者的欢迎。它一出版，销路就很好。马克·吐温出版的第二本书是他的《格兰特将军回忆录》，该书的主人公格兰特是美国南北战争中的北方总司令，曾继林肯之后连任两届美国总统，是美国人心目中的伟人。由于美国人对这位前总统的命运十分关心，所以这本书成了畅销书，获利64万美元。马克·吐温把这笔收入中的42万美元赠给这位前总统的遗孀，18万美元分给出版公司，自己留4万美元。马克·吐温被这两次胜利搞得昏昏然，他继续扩大出版业务。但他万万没有料到，韦伯斯特却在此时卷起铺盖一走了之。出版公司勉强维持了10年，最后在1894年的经济危机中彻底破产。马克·吐温为此背上9.4万美元的债务，他的债权人竟有96个之多。马克·吐温最终在经商活动中彻底失败。

马克·吐温非常擅长写作，也很适合写作，他的书几乎都是畅销书。所以写作为他带来成就感，也带来很不错的经济收益。但是，做出版商就未必适合他。虽然别人利用他的作品赚了大钱，但那也是别人拥有很好的经商头脑，换句话来说，这钱就应该是别人去赚，马克·吐温还是安稳地做一个作家最好。所以说，每个人都是不一样的，有的人适合科学研究，有的人适合人际交往，有的人更适合创意思考。世界第一的潜能开发专家安东尼·罗宾就说："每个人身上都蕴藏着一份特殊的才能。那份才能犹如一位成熟的巨人，等待我们去唤醒他……当我们将他唤醒的时候，我们就可以借这个能力去改变自己的命运，实现自己的梦想。"

要正确估计自己，任正非在其文章中这样写道：

> 每个人都发挥自己的优势，也多看看别人的优点，从而减少自己心里太多的压抑。奥托·瓦拉赫是诺贝尔化学奖获得者，他的成才过程极富传奇色彩。瓦拉赫读中学时，父母为他选择的是一条文学之路，不料一个学期下来，老师为他写下这样的评语："瓦拉赫很用功，但过分拘泥，这样的人即使有着完美的品德，也绝不可能在文学上有所发挥。"此时父母只好尊重儿子的意见，让他改学油画。结果瓦拉赫既不善于构图，又不擅长润色，对艺术的理解力也不强，成绩倒数第一，学校的评语更是令人难以接受："在绘画艺术方面你是不可造就之材。"面对如此"笨拙"的学生，绝大部分老师认为他已成才无望，只有化学老师认为他做事一丝不苟，具备做好化学实验的品质，建议他改学化学。父母接受了化学老师的建议。这下，瓦拉赫智慧的火花一下被点着了。文学艺术的"不可造就之材"一下子变成了公认的化学方面的"前程远大的高才

生"。他最终获得了诺贝尔化学奖。

大家要正确估计自己，然后作出对自己的正确判断，这样才能够充分发挥自己的作用。同时，要认识到这个社会上差距是客观存在的。没有水位差，就不会有水的流动；没有温度差，风就不能流动；就算是机器人，机器人还有温差，对吧？人和人的差距是永远存在的。同一个父母生下的小孩，也是有差距的，更何况你们不同父母。当自己的同学、同事进步了，自己与他们产生了差距，应该判别自己是否已经发挥了自己的优势，若已经发挥了，就不要去攀比，若没有发挥好，就发挥出来。

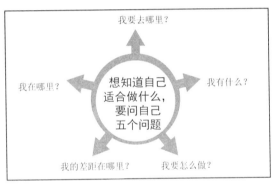

图 1.1 想知道自己适合做什么，要问自己五个问题

想知道自己适合做什么，首先要问自己五个问题（见图 1.1）：

（1）我要去哪里？

（2）我在哪里？

（3）我有什么？

（4）我的差距在哪里？

（5）我要怎么做？

以上看似简单的五个问题，实际上涵盖了目标、定位、条件、距离、计划等诸多方面，只要在以上几个关键点上加以细化和精心设计，把自身因素和社会条件做到最大程度的契合，对实施过程加以控制，并能够在现实生活中趋利避害，使职业生涯规划更具有实际意义。

如果说上述内容过于抽象的话，那么，具体的方法在哪里呢？我们怎么知道自己适合做什么工作呢？答案是：既需要了解你自己又需要了解社会范围内的职业。了解自己的目的是保证自己能够持续地发展，避免过高或者过低评估自己。你必须先对自己有全面的认识，一定得知道自己能做哪方面的工作，不适合做哪方面的工作。要想了解自己，请你先检视一下个人特质：

（1）欲望。在当下的人生阶段，你究竟想要什么？

（2）能力。你擅长什么？一般而言指你拥有什么样的技能。

（3）性格特质。你是什么类型的人？在何种情况下会有最佳表现？

（4）资产。资产包括有形资产、无形资产。与别人相比，你有什么占优势的地方？

如果你能通过自我探索回答出来这四个问题，那么你就算是初步了解自己了。

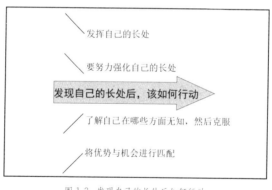

图 1.2 发现自己的长处后如何行动

发现自己的长处后，又该如何行动呢？德鲁克给出了三条建议和一个原则（见图 1.2）：

第一，发挥自己的长处。把注意力集中到自己的长处上，把自己放在能充分发挥自己长处的岗位上。

第二，要努力强化自己的长处。通过分析，你可以很快地清楚自己需要提高哪些方面的技能，以及获得哪些新的技能。通过分析，你还能知道自己缺乏哪些知识，以及其中哪些知识是可以弥补的。数学家是天生的，但是每个人都能学会三角学。

第三，了解自己在哪些方面会自作聪明，显得无知，然后克服这种情绪。股神巴菲特的黄金搭档查理·芒格曾经说过："你所要做的，就是找到自己的能力范围，然后专注于这些领域。如果你拥有了能力，就应该知道自己的界限，如果你不知道自己的能力界限，那你就根本没有拥有能力。"

第四，发挥长处，最重要的原则就是——将优势与机会进行匹配。这是我们必须做好的事情。不要分散自己的资源，对自我管理而言最重要的资源就是时间，要把自己的时间用在发挥长处上，不要用在弥补短处上。

德鲁克提醒人们，尽量少把精力浪费在那些不能胜任的领域上，因为从无能到平庸要比从一流到卓越需要人们付出多得多的努力。

» 第二节 唯有长处才能产生成果

如果我们想把工作做得卓有成效，就必须从自己的优势和长处出发，注意充分发挥这些优势和长处。但我们很多人都只是对自己干不了的事情十分清楚。

卓有成效的人当然也会关心自己所面临的局限性，不过他们总能发现，能做的事、值得去做的事还是比想象中的要多得多。就在别人不断抱怨这不能干、那不能做的同时，他们却敢于进行大胆的实践。结果是，那些把其他"兄弟们"压得喘不过气来的所谓限制，在他们面前竟然迎刃而解了。

德鲁克举了一个例子："一家美国铁路运输公司正面临着政府对公司的种种限制，公司管理层似乎觉得什么事都干不了。后来公司里新来了一位主管财务的副总裁，他对这些'告诫'一无所知。因此，他竟跑到华盛顿，造访了'州际商务委员会'，要求他们批准他采取几项颇为激进的改革措施。'你措施中的绝大部分内容，'委员会的先生们对他这样说，'并没有违反我们的有关规定。至于还有一些内容，我们得要先试行一下，如果效果可以的话，那我们也会乐意支持你这样做的。'"

德鲁克表示，"某人不让我干任何事情"这种说法的确值得怀疑，因为它常常被用来掩盖自己的惰性。就算是在有种种限制的地方（其实人们都是在相当严格的限制下工作和生活的），总还是有不少重要的、有意义的、相关的事情可做。而卓有成效的管理者就会主动去寻找这种事情来做。假如他一开始就向自己提出"我能做些什么"这样的问题，那么他几乎可以肯定地发现：实际上会有很多事情可做，就怕时间和资源有限。

首先要关注的是自己，自己想要什么？能做些什么？

对大部分创业者来说，找投资都是一项不小的挑战，有时候即使见到投资人，对方也不一定对你的项目感兴趣。但是一位从娱乐行业转行到科技行业的人士创立的在线教育公司7AM，竟然拿到了硅谷顶级投资人提姆·德瑞普（Tim Draper）的投资。

她是怎么做到的？这位女性创业者 Sequoia Blodgett 分享了自己的经历。

Sequoia 过去一直在音乐、娱乐领域工作，一场大病之后，她重新规划了自己的人生。她想要成为一名企业家，并且听说了 Tim Draper 发起的创业指导项目 Draper University。

但是 Draper University 的学费很高（目前一个 7 周的课程要近 1 万美元），所以 Sequoia 想到了通过众筹的方法来为自己筹集学费。她打电话给自己的朋友和同事，希望得到他们的帮助。

在和旧友的联系中，她发现自己大学实习的一个电台节目负责人现在负责一个在美国非常受欢迎的电台节目，于是她想到了一个双赢的方法：她希望能和 Draper University 的员工一起上这个节目，一方面为自己的众筹项目造势，一方面也帮助 Draper University 增加曝光。

让她没有想到的是，在听到这个计划后，Tim Draper 主动提出要亲自和她一起上节目。而在这之前，她甚至都没有跟 Tim 通过电话。

经过她的努力，在两周后，她和 Tim 到了那家电台，做了一期非常成功的节目。她也借这个机会拉近了和 Tim 的关系。随后她成功进入到了 Draper University 的创业学习项目，并且拿到了 Tim Draper 的投资。

Sequoia 总结说，自己能拿到投资很大程度上是因为和 Tim Draper 建立了很好的关系，而这种关系的建立，是因为她在要投资之前，先为 Tim 提供了他想要的东西。"如果要拿投资，有时候仅有商业计划书是不够的，你需要想想，自己的优势或长处是什么，能为投资人带去什么额外的价值。在这个基础上再去认识投资人，就会容易得多。"

1961 年 1 月 20 日，美国最年轻的总统之一约翰·肯尼迪发表了著名的就职演说，其中那句"不要问你的国家为你做了什么，而应问你能为你的国家做些什么"更成为经典名句，广为流传。这是站在一个国家的高度来讲的话，但它所折射出来的现实意义同样适用于企业，当然，也适用于个人。

有很多刚进公司的新员工这样想："我进了这家公司，公司能为我带来什么呀？能给我多少薪水啊？能给我提供发展的机遇吗？"而不去想自己能为公司做什么，能为公司创造多大的价值。

对于个人来说，关注自己想要什么？能做些什么，有利于了解自己的长处，发挥自己的长处。

有位计算机专业的研究生，目前在报社工作，比较受重用，薪水也不错，但他近期一直在考虑换个工作，他说虽然这份工作不错，但是比起同学来，还是不行，挣得不如同学多，专业上不如同学发展快，他担心这样下去自己会在很多方面落后于自己的同学。可目前的工作又让他很难舍弃：稳定、信息量大、领导重视、人际关系协调，等等。他说他想了很长时间，发现自己竟然不知道自己到底想要什么。

现代社会，人们在选择职业时，考虑的因素越来越多，需求也越来越复杂：求名、求利、求稳定、求刺激。专业特长、工作环境、发展前途等都同时成了选择的重点，人们希望在工作中一切都得到满足。于是，不少人既想做这个工作，又想做那个工作，总是"这山望着那山高"。"跳槽"多次，进展不大，却失去了不少发展机会。

如何使自己的长处得到发挥，这对培养人的工作能力和习惯也是极为重要的。人活到成年，对到底是上午工作效果好还是夜里工作效果好，心中当然是一清二楚的。如果要撰写一篇文稿，是先快速拟出一份稿后再修改好呢，还是逐字逐句反复推敲直到成稿为好，他的心中也是十分明白的。

有人会说，这些都是表面现象，不过这种说法不一定正确。不少特点和习惯可以反映出一个人个性的基本特点，比如他对世界、对自己的看法。尽管这些东西是表面的，但这些工作习惯也是提高工作效率的一种因素。大多数工作习惯都可以与各种工作相适应。

德鲁克表示："要会努力地去保持自己的个性特点，不要轻易地改变自己的形象，细心地观察自己的表现及工作效果，并从中发现一些带有规律性的东西。你要这样问自己'哪些事情别人做起来要花九牛二虎之力，而我做起来却得心应手'。"

德鲁克表示："唯有长处才能产生成果，而抓住弱点则只能造成令人头痛的问题。纵然没有弱点，也不能产生什么成果。"

一位华为人有着这样的记录：

> 2011 年我的年度考评不好，压力非常大，晚上也睡不好，甚至怀疑自己的背景和性格是否适合担任项目经理。内心的不自信也影响了平时的工作，遇事思前想后，畏首畏尾，心想着是不是该换岗了。正好当时地区部一个高级项目经理来乌干达出差，注意到了我的低落。他是个热心人，经常找我谈心，听我讲自己的顾虑，分享他的个人成长经历，并且鼓励我要善于发挥自己的长处，从小事做起，先把小事情一点一点做好。

积极心理学之父马丁·塞利格曼表示："我们学到最关键的一点是心理学，从精神疾病以及这些疾病的治疗方面来说，心理学是成熟的，但对优势（我们擅长什么）的研究，心理学却无太多涉足，尚不成熟。"

积极心理学认为应该充分调动人们身上已经具备的优点。时刻关注事物的积极面，这是积极心理学的一项基本法则，也是最重要的一项法则。在追求幸福的旅途中，有很多人其实是非常有潜力的，但是最后却没有做好，原因就是他们把自己的很多优点都忽略掉了。

哈佛幸福心理课讲师沙哈尔讲述了他最尊敬的老师——玛瓦·科林斯女士的故事，正是这位受人尊重的长者坚定了沙哈尔要成为一名优秀教师的决心。

科林斯女士出生于 1936 年，父亲是非洲人，母亲是美国人。有远见的父亲在她小的时候就坚信她将来一定可以成功，竭尽所能地给她创造最好的教育条件。科林斯长大之后，成了一名秘书，在当时已经是非常了不起的事情了，但是她却觉得这份工作不太适合自己，她更愿意去教书，所以，她在极其艰苦的条件下开办了一所小小的学校。刚开始，在她那里上学的孩子只有几个，但到了后来人数就逐渐增多了。她的学生中有很多是被常规学校放弃的孩子，父母们把他们送到科林斯女士那里念书，也并未对他们抱有太大的期望，只要他们不流落街头、吸毒犯罪就可以了。科林斯女士宽容地接纳了这些孩子，并耐心地鼓励他们。在她的努力下，家长眼中"无药可救"的孩子竟然奇迹般地变好了，每个孩子都上了高中念了大学，成了有用之材。科林斯女士自然而然地出名了，两任总统邀请她担任美国教育部长，她都婉言谢绝了——她觉得她更适合从事教育工作，也更希望从事教育工作。

科林斯女士在教育孩子的思路上有何不同？她如何改变那些被父母放弃的孩子们？当她发现一个孩子犯了错误需要惩罚的时候，就会惩罚他用 200 个单词来形容自己的优点，而且将这些单词按照英文字母的顺序排列好。孩子在接受惩罚的时候，同时也在唤醒自己的潜能，当这些孩子完成作业之后才发现自己竟然有这么多的优点。"为什么还要犯错呢？实在是太不应该了。"每个被"惩罚"的孩子，都会产生这样的积极暗示，科林斯女士正是用这样的手段使孩子们重新认识了自己的价值，找回了自信。

如何在工作中找到自己的优势，华为人是这样理解的（见图 1.3）：

有人说女性天生不适合做研发，不适合与机器为伍，不适合带领团队。在做这个结论前，先来听这样一个故事。

迟工在原单位任空调控制设计工程师期间，有一年的夏天，天气特别热，晚上将空调设定为睡眠模式依然难以入眠，只好先打开蚊帐，打开灯，调好空调，再关上灯，合上蚊帐，不小心蚊子飞入蚊帐，又再起身开灯拍蚊子，产品的不方便十分影响使用和休息。

迟工于是开始琢磨：如果能够把空调屏幕做成像手机一样，一按键屏幕就亮了，不就省了半夜起床的麻烦了么？空调制冷的时候，房间非常干燥，能不能有加湿功能？有了这些想法，迟工整整加了三个月的班，最终做成了拥有"动态显示＋电子锁＋加湿功能＋遥控器一键通"等功能的全新设计的柜机显示器和控制器，深受消费者喜欢。

这个项目被选为当年的创新大赛特等奖，总裁在大会上亲切地握着迟工的手说："我们工程师这么多，结果最强的工程师是女性。"

在新产品设计中，新的视角是不可缺少的。技术上的视角是多元化的，女性有自己的特质，也有自己的优势。

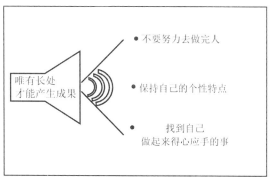

图 1.3　如何在工作中找到自己的优势

任正非表示，不要试图去做完人，要充分发挥自己的优势。他在文章中这样自我分析道：

> 我的缺点和劣势是明显的。我大学时代，没有能参加共青团，通不过呀，我是优点很突出，缺点也很突出的人，怎么能通得过呢？我在军队这个大熔炉里，尽管非常努力，但也加入不了共产党。我加入共产党是在粉碎"四人帮"以后，上级领导认为我有重大贡献，在其直接干预下，我才加入了。按正常情况来看，我肯定也是有问题的。我并不埋怨任何人，他们指出的确实是我的不足。我们公司以前有位员工，已经到美国去了，他走的时候跟我说，你这个人只能当老板，如果你要打工，没有公司会录用你。
>
> 我在人生的路上自我感觉是什么呢？就是充分发挥自己的优势。比如说我英文不好，是现在不好，但是不等于说我外语能力不行，我在大学可是外语科代表，我那时还自学了英语、日语，都能简单交流，看书了。但后来为什么不行了呢？20年军旅生涯没使用这个工具，就生疏了。当我走向新的事业的时候，虽然语言对我很有用处，但发现我的身上最主要的优势是对逻辑及方向的理解，远远深刻于对语言的修炼。如果用很多精力去练语言，可能对逻辑的理解就很弱化。我放弃对语言的努力，集中发挥我的优势，这个选择是正确的。对于我来说，虽然英文好，可能我在人们面前会挺风光的，但是我对社会价值的贡献完全不一样了。我就放弃一些东西，集中精力充分发挥我的优点。我确实注重于重要东西的思维，可能忽略了小的东西。小的东西不等于不需要重视，但我确实没有注意。

在人生的路上，我希望大家不要努力去做完人。一个人把自己一生的主要精力用于去改造缺点，等你改造完了对人类有什么贡献呢？我们所有的辛苦努力，不能对客户产生价值，是不行的。从这个角度来说，希望大家能够重视自己优点的发挥。当然不是说不必去改造缺点。为什么要讲这句话呢，完人的心理负荷太重了，大多数忧郁症患者，包括精神病患者，他们中的大多数在社会中是非常优秀的人，他们对自己追求的目标定得太高了，这个目标实现不了，就产生了心理压力。我不是说你不可以做出伟大的功绩来，我认为最主要的是要发挥自己的优势，实现比较现实的目标。这样心理的压力才不会太重，才能增强自己的信心。希望各级组织在对党员进行教育的时候，不要过多关注缺点，多关注他人的优点。

在任正非的领导下，华为公司将自己的优势和缺点都看得非常明白。2013 年，华为智能手机出货量进入全球前三；企业业务收入增速超过 30%；其系统设备覆盖的 LTE 网络达到 110 张。华为提出，未来五年将保持平均 10% 的增速，到 2018 年实现销售收入增长至 700 亿美元的目标。事实上，在 2017 年华为已实现此目标，全年销售收入约为 6000 亿元人民币，同比增长 15%。

不过，面对一片大好形势，任正非仍然强调，华为只是一个能力有限的公司。"我们只可能在针尖大的领域里领先美国公司，如果扩展到火柴头或小木棒那么大，就绝不可能实现这种超越。"任正非表示，华为未来一定要聚焦在自己的优势上，要有持续不懈奋斗的"乌龟精神"。

》 第三节 在实践中充分练习

不仅要有长处，而且还要将自己的长处运用到实践中去。德鲁克表示："富有成效的人就像医生、中学教师或小提琴手一样千差万别。他们也像缺乏成效的人一样彼此不同，并且在类型、人品和才干方面真的难以同后者区别。富有成效的人其共同之处就是，他们都有过能使自己发挥效能的实践经历。而且无论他们是在企业还是政府机构，是作为医院院长还是作为大学系主任从事工作，他们都有过相似的实践经历。不过，我发现我们任何人，无论他智商多高，多么勤奋，想象力多么丰富，知识多么渊博，如果没有经历过这样的实践，那么就一定缺乏效能。"

任正非非常重视实践。他强调："要从实践中选拔干部。"任正非曾这样对新员工说："我们有个政策，凡是没有基层管理经验，没有当过工人的，没有当过基层秘书和普通业务员的一律不能提拔为干部，哪怕是博士也不能。你的学历再高，如果你没有这些实践经历，公司就会对你横挑鼻子竖挑眼，你不可能蒙混过关。"

任正非在《致新员工书》中同样强调了实践的重要作用："实践是您水平提高的基础，它充分地检验了您的不足，只有暴露出来，您才会有进步。实践再实践，尤其对青年学生十分重要。唯有实践后善于用理论去归纳总结，才会有飞跃。有一句名言，没有记录的公司，迟早要垮掉的，多么尖锐。一个不善于总结的公司会有什么前途，个人不也是如此吗？"

华为更重视在实践中学习。华为的一位管理者，女硕士，1996 年前一直任华为宣传部部长，1998 年被提拔为华为执行副总裁，但在 1998 年底她提出离职，要去美国深造，学习企业管理。任正非对她说，你去美国学企业管理，等你学成毕业后，你就跟不上华为公司的发展了。为什么？因为在实践中学到的管理，难道不比书本上学的来得更快，更实际，更加真实有用？

任正非曾这样说过："知识不等于能力，书读得太多，方法论太多，有时反而会相互抵消，不知道活学活用的话，反而会变得越来越蠢。"

任正非的"大孵化培育大市场"策略，使华为每年都要大量地引进新人，特别是自 1996 ~ 1997 年开始，华为招收了大批的硕士、博士生。客观上公司一些学历不高的老员工、各级干部隐约地感到一种无形的压力，因此他们中的一些人提出要停薪留职，出国读书深造，包括个别副总裁也如此，有的甚至辞职去国外留学。

当时一位从中国科技大学本科毕业的副总裁就曾向任正非提出，他想停薪留职去报考一所名牌大学的 MBA，任正非对他说，华为对外宣传有多少硕士、多少博士，那是在公司规模不大时，是一种对外界的宣传造势而已，是拿来唬外面人的，千万不要把自己人也给唬住了。公司不能虚火旺盛，华为进门看学历，是因为不了解情况，总要挑一挑，有学历总比无学历好，但进来以后，管你是博士也好，大专生也好，都不看，只注重你的实际能力与工作表现。所以任正非劝大家安心留在工作岗位上，在实践中学习提高。

华为的高级副总裁中还有两位学历只是专科的，这充分证明了任正非是只看重能力和贡献等实质，而不注重学历等形式的人。

在华为努力提高自己的方式有两种：一是在实践中不断加强学习提高自己；另外就是和周边同事多融合，向他们多学习，提高自己

（见图 1.4）。

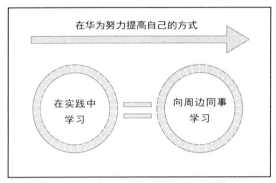

图 1.4　在华为提高自己的方式

1999 年，任正非总裁在答新员工问时表示："其实每个岗位天天都在接受培训，培训无处不在、无时不有。如果等待别人培养你成为诺贝尔，那么是谁培养了毛泽东、邓小平？成功者主要靠自己努力学习，成为有效的学习者，而不是被动的被灌输者，要不断刻苦学习提高自己的水平。"

华为原副总裁徐家骏在其文章中这样记述道：

"好好学习，天天向上"，这句话用来形容对 IT 人的要求，最贴切不过了。真正的成功者和专家都是"最不怕学习"的人，啥东西不懂，拿过来学呗。我们 IT 现在有个技术大牛谭博，其实他不是天生大牛，也是从外行通过学习成为超级专家的。他有一次跟我说，当年一开始做 UNIX 系统管理员时，看到＃提示符大吃一惊，因为自己多年来在 UNIX 下搞开发都是％提示符，从未有过管理员权限。

看看专家当初就这水平！当年跟我做备份项目时，我让他研究一下 ORACLE 数据库时点回退的备份和恢复方法，他望文生义，以为数据库的回退是像人倒退走路一样的，这很有点幽默的味道了。但他天天早上起来，上班前先看一小时书，多年积累下来，现在在系统、数据库、开发等多个领域已成为没人能挑战的超级专家了。但是，学习绝对不是光从书本中学习，更重要的是从实践工作中学习，向周边学习。

比如说我在华为学到最重要的一个理念是"要善于利用逆境"。华为在冬天的时候没有天天强调困难，而是提出"利用冬天的机会扭转全球竞争格局"并真的取得成功，如果没有这个冬天，华为可能还要落后业界大腕更多年份；华为在被思科起诉时没有慌乱，而是积极应对，利用这次起诉达到了花几亿美金可能都达不到的提高知名度的效果。综上这些，把几乎是灭顶之灾的境遇反而转化为成功的有利条件，给我留下的印象十分深刻，也对公司高层十分佩服。

延伸阅读 1

李小龙：自我发现

李小龙曾就读于华盛顿州立大学哲学专业。至于为什么选择读哲学，1972 年在接受台湾报纸访问时，李小龙说："这与我童年时的好勇斗狠很有关联。我常问自己，胜利了又怎样？为什么人们会把荣誉看得这么重要？什么才是荣誉？什么样的'战胜'才是光荣的？人生到底为了什么呢？是不是就是为着光荣而生存？于是，导师协助我选系的时候，他认为以我的发问精神，最好修习哲学，他说：'哲学会告诉你为了什么才活着。'"

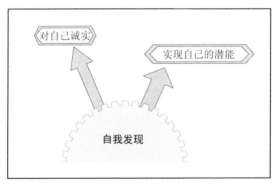

图 1.5 如何发现自我

这是我第一次写的一篇有关我自己的文章。它并不是流水账之类的内容。然而，在此刻我不知道这篇"精心写的文章"该献给谁。我应该说，我所写的是需要被记录下来的。此外，我有一种冲动，即尽量做到诚实，把真情实感写进去。我知道，我并不是接受法庭传票要我讲事实真相，我要表达的除了真相以外，别无其他（见图 1.5）。

对自己诚实

从我孩提时代起，在我体内就有一种本能的冲动，不断发展，每天挖掘我的潜能。花了好长时间，我才弄明白，自我实现和自我形象幻觉的实现的区别。根据我的亲身观察，我深信，只有绝对的诚实和直接反求诸己，才能导致真正的理解。

真理就是，生命是一种不断演进的过程。每日新，不断地更替，这意味着"活过"，而不是"为某种目的而活"。你不能把它塞进一个自我构筑的安全模式，即机械控制和机芯操纵的游戏。相反，做一个我所说的有"品位"的人，你应该襟怀坦荡，踏踏实实，有勇气显露本真的自我。

然后，许多人所说和所做的完全相反。每天他们披上自我保护的安全外衣（有点像吸自己的大拇指），把自己装进各种各样的自我设计的安全模式，玩一种僵化的游戏。

经历了种种人生沉浮之后，我认识到，没有他救，只有自救。自救有许多种形式：每日通过无偏见的观察去发现，勤勤恳恳，全心全意，尽力而为。这是一种令人生畏的、偏执性的敬业。总之，因为生活是一种不断进行的过程，不断更新的过程，追求这一目的是永无止境的。

概而要之，下面所写的是一个名叫李小龙的真诚的、诚实的心路历程，即有关他的武术（当然是最重要的），他对电影界的看法。最后，也最重要的是，到底谁是李小龙？他将要去哪里？他希望发现什么？

我相信，许多人不喜欢未知的事物，会认为人类不同于低等动物，是有智慧的高级动物。

然而，问题在于有些人心中只有自我，大多数人心里是茫然的，因为他们整天忙忙碌碌，把他们的能量耗费在把自己塑造成这样或那样的人上。他们的一生致力于实现一个概念，这个概念就是他们应该是什么样的人，而不是实现作为一个人不断增长的潜能。"存在"与"拥有"相比，我们不能"拥有"心灵，而"是"心灵的产物，这就是本真的自我。

一旦人的智力问题被确立之后，我想知道，我们当中有多少人会不厌其烦地重新审视现成的答案？这些答案自远古以来，一直被强迫塞进我们的大脑中。可能从我们学会写第一个符号开始。是的，我们拥有一双眼睛，它的功能就是去观察、去发现，不一而足。然而，我们当中的大多数人从严格的意义来讲，并不会"看"。我必须说，当眼睛用于观察别人的明显错误的时候，大多数人会眼光敏锐，随时予以批评谴责。

批评别人，从心理上打击别人，是一件容易的事情，但是，要了解自己需要一辈子的时间。为他人的善恶行为承担责任又是另外一回事。毕竟，获得知识直接意味着自我发现。

不管发生什么事，你毕竟是你自己，要成为一个真正的人而不是塑料人，诚实的自我在不断变化的成长过程中，绝对占据着极其重要的部分。

小时候，"品质"这个词语对我来说就意义非凡。不知怎地我知道这一点，并且全心全意为优秀品质而努力工作，虽然有许多牺牲，但始终朝一个方向前进。在我的生活里，"品质"总是占有优先地位。有一天你会听到："喂，现在需要货真价实的材料。这是真正有品质的人。"我喜欢这样的话。

实现自己的潜能

除了真实以外，人的一生还有何求呢？实现你的潜能，而不要将精力浪费在实现无实质意义的自我形象上。塑造自我形象是不真实的，它意味着浪费你的主要精力。未来有许多重要的工作等着我们去做，它需要你专心致志，也需要更多的精力。在成长和发现的过程中，我们需要身体力行地去做，这是我每天的经历，但这些经历有的使人振奋，有的使人沮丧。无论如何，你必须使你的"内在之光"引导你走出黑暗。

对于那些想了解我的人，我可以告诉你，是我选择学武术的，当演员也是我的职业。表演对于我来说是表达自我显现和学习的过程。每天，我也努力实现自我，做一名生活的艺术家。无论如何，所有的艺术都有着相似的基础！你可以自由地选择，表达自己的本能潜力。当然，你是怎么看待"品质"的？

大多数人为他们的形象而活着，这就是为什么有些人把自我作为起点，大多数人心中茫然如空，这是因为他们忙忙碌碌，把自己塑造成这样或那样的形象。把自己的能量浪费、消耗在塑造成一个想象的外表，而不是把自己的精力用在扩展和发展自身潜能，或者没有把全部精力用在表达自己、做有效的交际等方面。一旦有人看到一个成功实现自我表现潜能的人从身边走过，他会情不自禁地说："瞧，这才是位真正的汉子！"

我知道，没有人要求我写一份真诚的忏悔录，可是，我确实真诚地敞开心扉，这是一般人不愿意做的。我基本上是一位自愿选择武术作为职业的人，表演也是我的职业。总而言之，我希望在我的人生道路上，成为生活的艺术家并实现自我潜能。

我认为，武术像任何其他艺术一样，是个体灵魂不受拘束的体育表现形式。哦，是的，武术意味着像山中隐士一样刻苦修炼，以提高或保持自己的高水平。然而，武术也是人的纯洁心灵的展现。这一点对于我来说特别有意义。

是的，自我第一天习武以来，我已经取得了不小的进步。随着我生命进程的展开，我还在成长。活着意味着创造性地自由表现自我。我必须说，创造不是一件固定的事或僵化不变的事。

延伸阅读 2

※

赚钱是一种最深刻的修行

有一位忠实的信徒问巴菲特的第一大投资原则："价值投资的奥秘是什么？"巴菲特回答道："是独立思考和内心的平静。"

巴菲特将"内心的平静"作为价值投资秘诀的说法让人颇为震撼，很多人会觉得搞价值投资需要非凡的才能和判断力，这与"平静的内心"没有一丁点关系，但是为什么巴菲特却说这样的话呢？请听一听巴菲特的投资理念吧，道理非常简单——

1. 第一原则：你已经拥有你所需要的一切

如果仔细观察我们的生活，你就会发现我们拥有烹制至高膳食的所有原料。我们任何时候都可以把这些原料拿在手里，烹制我们能做的最好菜肴，我们所拥有的原料数量多寡并不重要。

只看手头有什么，并由此着手。无论是道元禅师、巴菲特、禅宗大师，还是对冲基金、个人退休账户，道理都是一样。当你把心思放在手头已经拥有的而不是那些想要的东西上时，问题才有解决的可能，投资才有收益的可能。

2. 做自己喜欢做的事情

巴菲特表示："我其实和所有人都一样。我可能比你有钱，但钱并不会让我们变得不同。当然，我能买得起最奢华的手工制套装，但衣服穿在我身上却显得很廉价。比起一百美元的大餐，我宁可吃冰雪皇后的芝士汉堡……如果说你我之间有什么不同的话，这差别可能只是，我每天早晨起床都有机会做我爱做的事情。"

我们不能说巴菲特拥有大量的财富，他才会"每天跳着踢踏舞工作"，如果一个人把他手头金钱的多少看作快乐的条件，那么金钱就与这个人无缘了。

3. 全新思维方式：你的思维会创造财富

如今，华尔街的思维被对暴富的盲目迷恋驱使。这就产生了一个充满无限泡沫的世界，巴菲特则创造长期财富。他的一位仰慕者说，"巴菲特成功的关键之一"在于获取复利，你要尽早动手，"即使回报率不是特别高，你也能靠复利赚到很多钱，但你的确需要持之以恒"。

我们很多人都在追求一种"快速见效"的方法，这种方法往往因为易学、易懂、易用而收效甚微，当一个方法大家都知道的时候，它就失效了。

4. 一个人外在富足，并不是内在也一定富足

巴菲特说："从我认识的亿万富翁来看，钱只会让他们显露出本性。如果他们没钱的时候就是混蛋，那他们有了 10 亿美元之后依然是混蛋。"

在新时代的书籍中，经常听到一句话：只有当你的内心富足了，你的外在才会跟着富足。这句话本身没错，但是人们会容易联想到，一个外在非常富足的人，是不是内心也是非常富足？这种逆向的联想显然是错误的。

5. 没有竞争——投资赢家玩的是单人纸牌

巴菲特说："做优秀的投资者并不需要高智商"，只需拥有"不轻易从众的能力"。没错，要"独立思考"，"不要相信任何东西，不管

是从什么地方读到的，也不管是谁说的，都不要轻信，除非它符合你自己的理智或常识"。

当你执着于某一个原则或者方法，那就理所当然地认为外界没有变化，股票投资更甚，如果你以为可以"一招鲜吃遍天"，这显然是错误的。

6. 外部没有专家——专注于你的内心

巴菲特警告称："未来是永远无法看清的。在股市里，你会为一种乐观的共识付出很高的代价。"不要"炒"股，你要买价值，永远不要卖。他说："我从来都弄不清股市未来六个月，或者未来一两年的走势。但我认为看清股市长期走势是很容易的。"在短期内"恐惧和贪婪扮演着重要角色"。从长期来看，市场是步步走高的。

股市或者其他的情形，都处在变化当中，人们恐惧和焦虑的是对未来的不确定，但是有一样是可以确定的，也是可控的，那就是自己的内心。当你专注在你的内心的时候，心是平静的，万变不侵。

7. 你走在永无止境的自我发现的路上

巴菲特说："你要在机会来临时做事情。在我的一生中，有些阶段我会有一大堆想法，有时也有灵感枯竭的阶段。如果下周我有想法，我就会做些什么，如果没有，我就什么也不会去做。"你来到人世间是要做些什么的？不仅是为了变得富有，做什么呢？自我发现之旅永远不会结束。

8. 新的世界观：把拥有的赠予出去就是获得

巴菲特说："这是一场阶级战争，我所在的阶级会赢得战争，但并不应该如此。如果你属于人类中那最幸运的 1%，那么你就应该考虑其他 99% 的人，这是你应该做的。"但多数人都不会考虑。

因此，巴菲特最终将这番话付诸行动并不令人意外——是的，这位世界上最富有的人之一将捐出他全部 727 亿美元的财富。没错,你也可以把自己当作礼物奉献给世界,每天如此。记住,"你已经拥有实现至善人生的所有原料",因此世界将因你而改变。

9. 你内心的神秘力量

生活和投资对巴菲特来说很简单,"比起结果,我们更享受过程"。他跳着踢踏舞,烹制人生佳肴,在冰雪皇后吃芝士汉堡,经常开怀大笑,开一辆旧车,一直都住在那幢简朴的房子里。他办公室的电脑呢?只用来与世界各地的朋友玩桥牌。

他懂得,要做成功的投资者,首先要"内心平静"地进行价值投资,未来也将如此。他知道力量是内在的。你的内心也蕴藏着力量,相信它。

（本文摘编自《巴菲特:保持独立思考内心平静》,来源:顶点财经,2015）

链　接

任正非：我是谁，要到哪里去

（以下为任正非对华为消费者事业部的分析和认识，对我们如何认识自己有很大的启示。）

在大机会时代，千万不要机会主义，我们要有战略耐性。

消费者 BG 一定要坚持自己的战略，坚持自己的价值观，坚持自己已经明晰的道路与方法，稳步地前进。成吉思汗的马蹄声已经远去，现代的躁动也会平息，活下去才是胜利。

消费者 BG 这两年来，从过去的低能状态已经开始走到有一定能量的状态，如果没有你们上万名员工的努力，也就没有消费者 BG 的今天，这一点我们要肯定并祝贺！但是我们现在要清楚"我是谁，从哪里来，准备到哪里去"。今天之所以与大家沟通，就是担心你们去追求规模，把苹果、三星、小米作为目标，然后就不知道自己是谁了。当然要向苹果、三星、小米学习他们的优处，但不要盲目对标他们。

一、"我是谁？"消费者 BG 应该坚持走自己的路，我就是我！

你们说要做世界第二，我很高兴。为什么呢？苹果年利润 500 亿美元，三星年利润 400 亿美元，你们每年若是能交给我 300 亿美元利润，我就承认你们是世界第三。你们又说电商要卖 2000 万部手机，纯利润是 1 亿美元，一部手机赚 30 元，这算什么高科技、高水平？若以己之长比人之短，我们中任何人都可能是奥运会所有项目的世界冠军，只要限定别的运动员只能是 1 周岁以下。现在你们赚个几亿美元就开始牛起来了，拿自己的长板去比别人的短板，还沾沾自喜。坚持走一条正确的路是非常困难的，我希望消费者 BG 不要在胜利之后就把自己泡沫化，不要走偏了。所以电商也不要说销售额，以后汇报就说能做到多少利润。销售额是为了实现利润需要的，不是奋斗的目标。终端没有黏性，量大而质不优，口口相传反而会跌下来。不要着急，慢慢来，别让互联网引起你们发烧。

华为公司要坚持跑马拉松，要具有马拉松精神，慢慢跑，要持续盈利。互联网的特性是对标准化、数字化的内容传输的便利性和规模化。它是促进实业在挖掘、消化信息后的改进，所谓互联网时代，是信息促进人类社会进步，促进实业、服务等方面的进步，并不是仅指网络商本身。我们只要把手机做到高质量，适配全球一部分人的需求，就奋力在网上销售就行了。我们与京东、阿里是不一样的，我们能控制交易质量，而且有一把知识产权大伞罩着全球市场。仅仅是一个交易平台是有一定风险的。大家一定要相信汽车必须首先是汽车，金融必须首先是金融，豆腐必须首先是豆腐……别的不能取代汽车，如果能取代，那就是阿拉伯飞毯。

二、"我到哪里去？"我们要活下去。消费者 BG 要以利润为中心，严格控制库存风险。

活不下去就没有未来！我们的价值评价体系要改变过去仅以技术为导向的评价，大家都要以商业成功为导向。消费者 BG 已经进入到公司主航道了，但主航道是要创造价值，价值并不仅仅是技术领先。未来还有很长的路要走。你们应该是给主航道贡献能量，而不是拖后腿。主航道的能量一旦发散后，就很难聚焦起来达成目标。

一年之计在于春，希望你们在春天播的是好种子，发的是好芽，秋天能给我们收获。若是你们在秋天收不到粮食，我们一定是要饿死的。涨工资的钱来自哪里？（徐直军：贡献利润不是净利润，从贡献利润到净利润还要打七折，减掉员工分红，剩下的才是真实贡献。）

你们说荣耀与华为其他产品有冲突，要平衡好电商和公开渠道的产品。我认为只要有利于发展，各自也可以考虑独立运作，目的是要能赚钱。你们看重过程，但我看重的是结果，从结果来选拔干部。另外，高端手机若以技术为导向，赚不了钱，那你们的高端是没有价值的，过不了三个月，高端就成低端了。如果只是战略 MKTG 投入来试探着科研，我们不反对，但是你们若要做成一个产品，需要别的业务来补贴，我认为有必要在策略上好好分析。

你们说现在中国做手机的小厂家有几百家，价格非常低，你们就想把最好的手机在一个比较适当的价格范围内做好。若按你们这个原则，爱马仕早就垮了，但现在垮掉的是小厂家。在座有谁愿意去磨豆腐？今年允许你在公司里搭个棚，只要质量好，我还可以动员员工买一点，两分五一斤，那能否支撑现在的人力资源架构？肯定不能。如果你做豆腐渣，整个公司会被拖垮。我们赚的超额利润怎么办？投入未来的科学研究，构建未来十年、二十年的理论基础，公司要从工程师创新走向科学家与工程师一同创新，我们已经浩浩荡荡地走在大路上了，全世界有哪家公司敢像我们这样涨工资，还有谁有我们这么潇洒？

今年（2014 年）我在巴展看了我们的有线网、无线网，对它们非常有信心。有线网的改革就是模块化的开发，拼组集成后，形成新产品，这样它的能力很快提升，测试速度很快，那么这个变革就是成功的。无线产品的变革就是基础平台要做"万里长城"，板凳坐十年冷。应用平台做雪豹突击队，敢冲敢闯，那么无线也成功了。所以现在我们希望消费者 BG 也能找到成功的战略作战方向。我认为三亚会议精神和主题思想已经很清晰，年轻人若想当将军，肯定早就能逐字背得，甚至能深刻理解它。现在是信息化社会，二十几岁的年轻人为什么就不能当将军？

（本文摘编自任正非于 2014 年 3 月中旬与消费者 BG 管理团队午餐会上的内部讲话）

第 **2** 章

目标管理：
确立人生方向

目标越明确，注意力越集中，行为者就越容易在选择
上做出更明智的决定。

» 第一节 目标设置对个人的意义

1952 年 7 月 4 日清晨，美国加利福尼亚海岸笼罩在浓雾中。在海岸以西 33.6 千米的卡塔林纳岛上，一位 34 岁的妇女跃入太平洋海水中，开始向加州海岸游去。要是成功的话，她就是第一个游过这个海峡的妇女。

这名妇女叫弗罗伦丝·查德威克。在此之前，她是第一个游过英吉利海峡的妇女。在向加州海岸游去的过程中，海水冻得她全身发麻；雾很大，她连护送她的船几乎都看不清。时间一个小时一个小时地过去，千千万万人在电视上看着。有几次，鲨鱼靠近了她，幸而被人开枪吓跑了。她仍然在游着。

15 个小时之后，她又累又冷，知道自己不能再游了，于是就叫人拉她上船。这时她的母亲和教练在另一条船上，他们告诉她离海岸很近了，叫她不要放弃。但她朝加州海岸望去，除了浓雾什么也看不到。在继续坚持了几十分钟后——这时距她出发已是 15 个小时 55 分钟——人们把她拉上了船。在船上过了几个小时，她渐渐觉得暖和多了，却开始感到失败的打击。

她不假思索地对记者说："说实在的，我不是为自己找借口。如果当时我能看见陆地，也许我能坚持下来。"

人们拉她上船的地点，离加州海岸只有不足 1 千米的距离！查德威克一生中就只有这一次没坚持到底。两个月之后，在一个晴朗的日子，她成功地游过同一个海峡。

为什么查德威克第一次横渡卡塔林纳海峡失败了？

这给你什么启示？

有时，一个人、一个团队或者一个企业看不到自己的目标，结果真的很可怕。当人们有了明确的目标，并且把行动与目标不断加以对照，清楚地看到自己的努力与目标相近时，就会得到动力，自觉地克服一切困难，努力实现目标。

如果父母要求孩子的学习成绩进入班上前三名，是否比仅仅告诉孩子"要好好学习"更能激发孩子的学习劲头呢？答案显而易见。

下面是哈佛大学一个非常著名的关于目标对人生影响的跟踪调查。调查的对象是一群智力、学历、环境等条件都差不多的年轻人，调查结果发现：

27%的人没有目标；60%的人目标模糊；10%的人有比较清晰的短期目标；3%的人有十分清晰的长期目标。

25年的跟踪调查发现，他们的生活状况十分有意思……

3%——几乎不曾更改过自己的人生目标。25年后，他们几乎都成了社会各界顶尖的成功人士，他们中不乏白手创业者、行业领袖和社会精英。

10%——大都生活在社会的中上层。其共同特点是那些短期目标不断地被达成，生活质量稳步上升。他们成为各行各业不可缺少的专业人士，如医生、律师、工程师、高级主管等等。

60%——几乎都生活在社会的中下层。他们能安稳地生活与工作，但都没有什么特别的成绩。

27%——几乎都生活在社会的最底层，生活都过得很不如意，常常失业，靠社会救济，常常在抱怨他人，抱怨社会。

成功在一开始仅仅是一个选择。你选择什么样的目标，就会有什么样的成就，也就会有什么样的人生。

英国有一个名叫斯尔曼的残疾青年，尽管他的腿有慢性肌肉萎缩症，走路有许多不便，但是他还是创造了许多连健全人也无法想象的奇迹。19 岁那一年，他登上了世界屋脊珠穆朗玛峰；21 岁那一年，他征服了著名的阿尔卑斯山脉的最高峰——勃朗峰；22 岁那一年，他又攀登上了他父母曾经遇难的乞力马扎罗山；28 岁前，世界上所有著名的高山几乎都被他踩在了脚下。

但是，就在他生命最辉煌的时刻，他在自己的寓所里自杀了。

为什么一个意志力如此坚强、生命力如此顽强的人，会选择自我毁灭的道路？

他的遗嘱告诉我们这样的答案：11 岁那一年，他的父母在攀登乞力马扎罗山时遭遇雪崩双双遇难。出发前父母给小斯尔曼留下了遗言，希望他能够像他们一样，征服世界上的著名高山。因此，他从小就有了明确而具体的目标，目标成为他生活的动力。但是，当 28 岁的他完成了所有的目标时，就开始找不到生活的理由，迷失了人生的方向。他感到空前的孤独、无奈与绝望，他给人们留下了这样的告别词：

"如今，功成名就的我感到无事可做了，我没有了新的目标……"没有了人生目标的他，也就感觉不到生命的意义。

其实，我们每一个人在这个世界上多少是有自己的目标的，尽管许多人并不一定清醒地意识到自己的目标。在生活中，目标就是人的生命的意义，没有目标，生命的一半就缺失了。对于那些为目标而存在的个体来说，没有目标，也就没有了生命的价值。

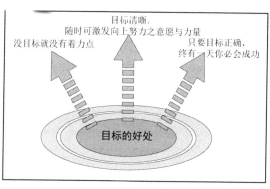

图 2.1　目标的好处

由图 2.1 可以看出，目标的好处是：

1. 目标清晰可见，随时可激发你向上努力之意愿与力量。

2. 只要目标正确，终有一天你必会成功。

3. 没目标就没有着力点，到头来一事无成。

PBC（Personal Business Commitment）是员工个人绩效目标的简称。因此，制定清晰明确的 PBC 目标，做正确的事，将为绩效目标的达成打下良好的基础，这也是个人达成高绩效的前提。因此，明确团队目标，理解个人目标和团队目标的关系，更能增强个人工作的动力和使命感。

华为网络产品线总裁丁耘与各二级部门主管"一对一"教练式沟通，辅导下属制定 PBC 时，从业务目标、人员管理、价值观与行为，到能力提升计划，都在他们交流的范围之内。在这个过程当中，丁耘应用教练式辅导的方法，扮演提问者和倾听者的角色，大部分时间都是让下属在说。而在沟通过程中，他会适时对某些问题进行发问，引导下属自己去思考，去寻找答案。如他经常问"在这方面，你准备怎么去做""你在这件事情上的独特价值是什么""你认为你在这中间能起到什么作用"等等。而在一些关键问题上，他也会分享自己或别人的成功经验，给予正向反馈。同时，对于下属来说，他们也能通过这一次深入的沟通机会，与主管交流自己的想法和思考，校正彼此之间的认识差异，并进行及时的求助。正因为如此，原定每个人 1.5 小时的沟通时间，由于沟通和辅导的不断深入，经常被延时，有的甚至延长到 2.5 个小时。通过这次 PBC 沟通，丁耘与各二级部门主管，就绩效目标进行了深入交流，很好地纠正偏差，达成共识，实现上下对齐。

在这次 PBC 沟通过程中，参加沟通的二级部门主管们都有一个深刻的体会，那就是：在平时，他们以为与直接主管的沟通很顺畅，但实际上很多直接主管认为重要的工作，他们并没有发现，这就是说还存在上下不一致的地方。因此，PBC 的沟通是非常必要和有效的。

» 第二节 制定目标时的 SMART 原则

有效的目标不是最有价值的那个，而是最有可能实现的那个。

贝尔纳是法国著名的作家，一生创作了大量的小说和剧本，在法国影剧史上占有重要的地位，可以说是法国文学史上里程碑式的人物。有一次，法国一家报纸进行了一场有奖智力竞赛，其中有这样一个题目：如果法国最大的博物馆卢浮宫失火了，情况紧急，只允许抢救出一幅画，请问你会抢哪一幅？结果在报纸收到的成千上万个回答中，贝尔纳以最佳答案获得

该题的奖金，他的回答是："抢救离出口最近的那幅画！"

中国人向来是不缺目标的，诸如制定超英赶美、进军全球500强之类的目标，中国人向来不怵。但中国企业的目标管理却做得并不好，归结到两点，一个是目标定完了就完了，既没有把目标变成相应的计划，也没有及时有效地追踪目标实现的过程。另一个更普遍的问题则是，目标可能只是一个口号式的目标。

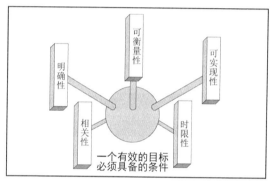

图 2.2　SMART 原则

制定目标看似是一件简单的事情，每个人都有过制定目标的经历，但是如果上升到技术的层面，必须学习并掌握SMART原则（见图2.2）。

SMART 原则：S=Specific（明确性）、M=Measurable（可衡量性）、A=Attainable（可实现性）、R=Relevant（相关性）、T=Time-bound（时限性）。

S：Specific 明确性

目标要清晰、明确。

明确的目标几乎是所有成功团队的一致特点。很多团队不成功的重要原因之一就是目标定得模棱两可，或没有将目标有效地传达给相关成员。

提供示例：

目标——增强客户意识。这种对目标的描述就很不明确，因为增强客户意识有许多具体做法，如：减少客户投诉，过去客户投诉率是3%，现在把它减低到 1.5% 甚至 1%。提升服务的速度，使用规范礼貌的用语，采用规范的服务流程，也是增强客户意识的一个方面。有这么多增强客户意识的做法，我们所说的"增强客户意识"到底指哪一块？不明确就没有办法评判、衡量。

修改：

比方说，我们将在月底前把前台收银的速度提升至正常的标准，这个正常的标准可能是两分钟，也可能是一分钟，或分时段来确定标准。

实施要求：

目标设置要有项目、衡量标准、达成措施、完成期限以及资源要求，能够很清晰地看到部门或科室月计划要做哪些事情，计划完成到什么样的程度。

一位华为人这样记述道：

> 目标是否清晰直接影响一个人的状态和投入效率，每次沟通都会关注大家是否对自己半年的工作目标明确，不明确的马上交流明确。这件事情也促使我在以后的工作中，非常关注每个人的状态，感觉到变化都会和兄弟们及时交流。一个团队要高绩效地运作，要把每个人的目标和团队的目标明确一致，要避免团队陷入迷茫。

M：Measurable 可衡量性

目标要量化。应该有一组明确的数据，作为衡量是否达成目标的依据。如果制定的目标没有办法衡量，就无法判断这个目标是否实现。

提供示例：

本月要进一步地扎实推进成片开发工作。"进一步"是一个既不明确也不容易衡量的概念，到底指什么？达到什么程度？

修改：

本月 30 日前，我要实施对某某区域的成片开发，扫街拜访区域内所有餐饮客户，把所有月用量在 500 元以上的客户录入资料库，开发月用量 500 元的餐饮 6 家，建立并签订 1 家合同金额 4 万元的分销商，让该区域新增 3000 元的月销售额。

实施要求：

目标的衡量标准遵循"能量化的量化，不能量化的质化"。要有一个统一的、标准的、清晰的、可度量的标尺，杜绝在目标设置中使用形容词等概念模糊、无法衡量的描述。

华为不仅要求目标制定之前要量化，并且在计划投入执行之后，同样要求必须衡量计划制订的有效性，提出改进措施并根据计划目标衡量执行情况，就像每个比赛都有比分一样！

A：Attainable 可实现性

目标要通过努力才可以实现，也就是说目标不能偏低和偏高，偏低了无意义，偏高了实现不了。

提供示例：

本周我要完成某某餐饮街的立项、前期拜访、厨师联谊会、小区推广、开发进货、生动化宣传、维护巩固全过程，造就月销量 5 万元的首条餐饮样板街。

工作量太大，无法一个人在一周内保质保量地完成，单条餐饮街的月销售量 5 万元可能难以在一周内达成。

修改：

本周我要完成某某餐饮街的申报工作，拜访并邀请街内全部 23 家餐饮店，并录入资料库。制订厨师联谊会活动方案，会前开发 3 家餐饮店，开发金额 5000 元。

实施要求：

目标设置要上下左右沟通，使拟定的工作目标在组织及个人之间达成一致。

既要使工作内容饱满，也要具有可达成性。

可以制定出跳起来"摘桃"的目标，不能制定出跳起来"摘星星"的目标。

R：Relevant 相关性

个人目标与组织目标达成认识一致，目标一致要考虑达成目标所需要的条件，这些条件包括人力资源、硬件条件、技术条件、系统信息条件、团队环境因素等。

目标要有实际意义和效果，定目标要考虑成本和结果的效益，要取得成本和结果的平衡点。

提供示例：

本周要申请铺市套餐 5000 元，对某某乡镇市场进行铺市活动，并开展路演 1 场，费用控制在 2000 元内，极大提升品牌在当地的知名度。

乡镇市场的开发不是餐饮部目前的工作重点，花近万元只是提高品牌在一个乡镇市场的知名度，代价太大。

修改：

本周走访某某乡镇市场，开发 500 元以上的餐饮客户 3 家，从而在当地建立核心二批商 1 家，为分销商的培养夯实基础。

实施要求：

个人目标与组织目标达成认识一致，目标一致，既要有由上到下的工作目标协调，也要有员工自下而上的工作目标的参与。

只对当前最关键的工作制定目标，不要制定过多的、相关性不强的任务，导致无所适从。

目标要有实际意义，要考虑达成目标的成本。

T：Time-bound 时限性

目标要有时限性，要在规定的时间内完成，时间一到，就要看结果。

目标是有时间限制的，没有时间限制的目标没有办法考量，也会导致上下级之间对目标轻重缓急的认识程度不同。

提供示例：

餐饮部在今后很长一段时间内，还是会把餐饮开发作为工作的重点，切实有效地提升销售平台。

"很长一段时间"，有时间限制，但没有明确的时间限制。

修改：

餐饮部会把餐饮开发作为工作的重点，每月新增销售平台收入 3 万元，截至 9 月 30 日，餐饮部整体月销售平台收入达到 115 万元。

实施要求：

目标设置要具有明确的时间限制。

根据工作任务的权重、事情的轻重缓急，拟定出完成目标项目的时间要求。

定期检查项目的完成进度，及时掌握项目进展的变化情况。

根据工作计划的异常情况变化及时地调整工作计划。

» 第三节 将个人目标与企业目标合二为一

有个人经过一个建筑工地，问那里的石匠们在干什么？三个石匠有三种不同的回答：

第一个石匠回答："我在做养家糊口的事，混口饭吃。"

第二个石匠回答："我在做整个国家最出色的石匠工作。"

第三个石匠回答："我正在建造一座大教堂。"

三个石匠的回答给出了三种不同的目标：第一个石匠说自己做石匠是为了养家糊口，这是短期目标导向的人，只考虑自己的生理需求，没有大的抱负；第二个石匠说自己做石匠是为了成为全国最出色的匠人，这是职能思维导向的人，做工作时只考虑本职工作，只考虑自己要成为什么样的人，很少考虑组织的要求；而第三个石匠的回答说出了目标的真谛，这是经营思维导向的人，这些人思考目标的时候会把自己的工作和组织的目标关联，从组织价值的角度看待自己的发展，这样的员工才会获得更大的发展。

我们再用"自我期望""自我启发"和"自我发展"三个指标来衡量这三个石匠：

第一个石匠的自我期望值太低，在职场上，此人缺乏自我启发的自觉和自我发展的动力。

第二个石匠的自我期望值过高，在团队中，此人很可能是个特立独行、"笑傲江湖"式的人物。

第三个石匠的目标才真正与工程目标、团队目标高度吻合，他的自我启发意愿与自我发展行为才会与组织目标的追求形成和谐的合力。

德鲁克说，第三个石匠才是一个管理者，因为他用自己的工作影响着组织的绩效，他在做石匠工作的时候看到了自己的工作与建设大楼的关系，这种人的想法难能可贵！

日本发明家中松义郎的目标一致理论讲的就是这一点，当一个人的目标与组织的目标越一致，这个人潜能发挥就越大，就越有发展！

目标管理的定义是：根据公司的战略规划，组织运用系统化的管理方式，把各项管理事务展开为有主次的、可控的、高效的管理活动，通过激励员工共同参与，以实现组织和个人目标的过程。它强调把组织的整体目标转化为组织和个人的具体目标。

对员工个人来说，目标管理提出了明确的个体绩效目标，因此，每个人对他所在组织的绩效都可以做出明确而具体的贡献。如果所有人都实现了各自的目标，他们组织的整体目标也就能够实现。

大多数情况下，企业目标和个人目标会不一致。比如，企业的目标是让你用尽所有的力气去完成 300 万元的销售额。而你的计划是通过完成 200 万元销售额来保证收入。你宁愿少一些收入去让个人获得成长，而花更多的时间陪伴爱人、孩子和父母。

总目标是公司实施目标管理的核心，但不管是公司总目标还是各部门目标，最终的达成都要落实到公司内员工的个人目标上。个人目标是部门目标和总目标的基础，不仅支持公司内的大小目标，同时也支持部门目标。这里需要注意的是，部门目标其实仍属于该部门主管的个人目标，设定个人目标的用意就是要化解掉"是部门的集体目标，又不是我的目标"的错误心态，并刻意形成"具有利害关系"的"个人目标"。

设定个人目标要遵循的原则（见图 2.3）：

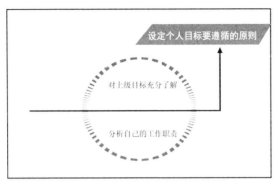

图 2.3　设定个人目标要遵循的原则

对上级目标充分了解，同时分析自己的工作职责，这是员工在设定个人目标时必须考虑的两件事情。

在此基础上，再按照一定的原则指导设定个人的目标。以下几项原则可供参考：

1. 从个人观点出发，说明上级的目标；

2. 设定合适的绩效标准；

3. 列出为达成目标自己需要做的事及主要困难；

4. 列举上级的做法，哪些对他有帮助，哪些对他有妨碍；

5. 列出为了达成目标本部门准备从事哪些工作；

6. 本部门准备从事的工作再四分为本部门内各成员应配合的项目；

7. 选出"保留目标"为本部门主管的个人目标；

8. 选择合适的"个人能力启发目标"作为本部门主管的个人目标。

一个优秀的职业人懂得如何将自己的长处和奋斗目标与公司达成目标的需求结合起来，为公司做出尽可能多的贡献，然后通过公司实现自己的个人目标。

杨元庆通过联想集团的平台让自己成为中国职场上最耀眼的成功者之一，唐骏则通过微软、盛大、新华都这样优秀的公司平台让自己成为令很多年轻人羡慕的"打工皇帝"，尽管有"学历门事件"的影响，他仍然不失为一个成功的职业人。

公司想要的结果和个人想要的结果之间是一种动态的平衡关系，没有公司能够无条件、低成本地长期使用有质量的人力资源，也没有个人能够无代价地使用公司的平台资源来实现自身的经济利益和职业成长。二者相互制约，在动态中保持一种平衡关系。

这种兼顾性的、平衡的结果导向意识，不仅告诉我们首先要明确自己真正要得到的是什么，还告诉我们如何去得到。

职业人首先要清晰地描绘自己想要的结果，包括经济上的、职业发展上的、家庭生活上的以及个人知识技能上的。职业人要清晰地掌握自己所在的公司想要的结果、自己想要的结果，以及公司想要的结果和自己想要的结果的关系。职业人要为自己做好定位，将自己的长处与公司达成目标的需求结合起来，为公司做出尽可能多的贡献，然后由公司帮助自己达成个人目标。

因此，总的来说，上级要善于提出下级认同的远景，设定明确的目标，让下属觉得工作有意义，这是成功的灯塔；要有放权的思想，允许下属多实践，自主控制工作；并且要有毫不吝啬地帮助下属的思想，允许下属的工作能力超过自己。

下属的最高境界是自我发展、奋斗的愿望与企业的远景统一，这样下属就能想企业所想、做企业所做，成为为企业献身的企业人。退一步说，下属没有那么远大高尚的理想，但愿意服从企业的需要，享受完成工作的成就感也行；或者干脆就是为报酬而工作，达到一定成果就有一定的收获。这是下属主动工作的动力之源。

目标管理要求上下级一起确定目标。整个企业一级一级设立目标，即建立企业的目标体系。同时制定一套够公平、公正，而且要简单可以操作且员工普遍接受的评价方法。

华为新员工在进入公司 2 年之后，如果绩效突出，就可以加入员工持股计划，自愿购买公司根据绩效和级别指定的一定额度的股票，此后每年公司根据绩效情况进行配股。员工持股后，就与企业利益捆绑，分享企业发展的回报，个人目标与企业目标达成一致。用二十余年时间，任正非将自己在华为的持股权稀释到只剩下 1.4%。

华为的成功，许多人归诸中国政府的支持，实际上，最支持任正非的是 18 万华为员工。因为任正非用了中国企业中史无前例的奖酬分红制度，98.6% 的股票都归员工所有，任正非本人所持有的股票只占了1.4%，造就了华为式管理的向心力。

如何分辨你是老板级的员工还是打工仔级的员工？在华为，从你的薪资账户就能很清楚地看出。

"我们不像一般领薪水的打工仔，公司营运好不好，到了年底会非常感同身受，" 2002 年从日本最大电信商 NTTDoCoMo 跳槽加入华为的 LTE-TDD 产品线副总裁邱恒说，"你拼命的程度，直接反映在薪资收入上。"

以他自己为例，2009 年因为遭遇金融海啸，整体环境不佳，公司成长幅度不如以往，他的底薪不变，但分红跟着缩水。隔年，华为的净利创下历史新高，他的分红就超过前一年的 1 倍。

这等于是把公司的利益与员工的个人利益紧紧绑在一起。在华为，一个外派非洲的基础工程师如果能帮公司服务好客户，争取到一张订单，年终获得的配股额度、股利，以及年终奖金总额，会比一个坐在办公室但绩效未达标的高级主管还要高。

工作 2 年至 3 年，就具备配股分红资格。在华为有 "1+1+1" 的说法，也就是工资、奖金、分红比例是相同的。随着年资与绩效增长，分红与奖金的比例将会大幅超过工资。即使是在号称重视员工福利的欧美企业都很罕见。

一个领死薪水的员工，不可能主动去帮客户想出创新的解决方案。但华为的员工因为把自己当成老板，待得越久，领的股份与分红越多，所以大部分人不会为了追求一年两年的短期业绩目标而牺牲掉客户利益，而是会想尽办法服务好客户，让客户愿意长期与之合作，形成一种正向循环。

» 第四节 让长短目标紧密结合

山田本一是日本著名的马拉松运动员。他曾在 1984 年和 1987 年的国际马拉松比赛中，两次夺得世界冠军。记者问他为什么会取得如此惊人的成绩，山田本一总是回答："凭智慧战胜对手！"

大家都知道，马拉松比赛主要是运动员体力和耐力的较量，爆发力、速度和技巧都还在其次。因此对于山田本一的回答，许多人觉得他是在故弄玄虚。

10 年之后，这个谜底被揭开了。山田本一在自传中这样写道："每次比赛之前，我都要乘车把比赛的路线仔细地看一遍，并把沿途比较醒目的标志画下来，比如第一标志是银行，第二标志是一棵古怪的大树，第三标志是一座高楼……这样一直画到赛程的结束。比赛开始后，我就以百米的速度奋力地向第一个目标冲去，到达第一个目标后，我又以同样的速度向第二个目标冲去。40 多公里的赛程，被我分解成几个小目标，跑起来就轻松多了。开始我把我的目标定在终点线的旗帜上，结果当我跑到十几公里的时候就疲惫不堪了，因为我被前面那段遥远的路吓到了。"

目标是需要被分解的，一个人制定目标的时候，要有最终目标，比如成为世界冠军，更要有明确的绩效目标，比如在某个时间内成绩提高多少。

最终目标是宏大的、引领方向的目标；而阶段目标就是一个具体的、有明确衡量标准的目标。

当目标被清晰地分解了，目标的激励作用就显现了，当我们实现了一个目标的时候，我们就及时地得到了一个正面激励，这对于培养我们挑战目标的信心作用是非常巨大的！

对于大多数人来说，控制短期目标要比控制较长远的目标容易得多。整体目标的每一个小任务，如果能够顺利地完成，那么实现大的目标就不会觉得难如登天了。人的内心必然会受到鼓舞，进而更增强了实现远大目标的信心。

对于一项战略计划来说，把握好长期目标与短期任务之间的平衡是至关重要的。在制定任何一项计划的时候，必须同时考虑到必要的成本和可能的收益，必须注意在实现长期目标的同时，还要保证短期效益。

赵强国是某集团公司一个分公司的经理，他曾经向集团总经理提出过一个看起来好像非常棒的计划，如果总经理能够接受该计划的话，在开始的一段时间内，公司的收益会下降，但随后会出现较大的上升。

他告诉总经理："我们很可能在 3 年之内无法实现收益增长，因为这段时间属于计划启动期。"总经理告诉他说："赵强国，对于一家公司来说，它无法承受如此巨大的代价。一项优秀的计划需要把短期利益和长期利益结合起来。如果我们为了实现长期收益而牺牲短期收益的话，计划实施人员的热情就会大大降低。"

当你逼迫人们考虑这类问题的时候，他们所表现出来的想象力和革新精神是难以想象的。不久，赵强国回来对总经理说："我们可以保证短期利益，因为现在我发现它的长期收益并不是那么诱人。我们可以卖掉一些并不适合我们的子公司，通过这种方式，我们可以把成本降低10%——从另外一个角度来讲，这就是一项巨大的收益。我们可以采取四五项措施，来弥补新产品开发阶段公司所面临的损失。"

结果，他们把整个企业团队投入到新计划的实施当中，并最终取得了成功。可见，一个战略要想成功，就必须将大目标与小步子结合起来，只有这样，团队成员才能有热情，才能更好地迎接可能出现的挑战，在实现短期利益的同时，为组织的长期发展奠定基础。

1998 年，在创建华为 11 年后，任正非向他的高管团队宣布，"华为的追求是在电子信息领域成为世界级领先企业"。忆及当年这一场景，华为市场策划部总监江龙回忆说："所有人都被这一目标震惊了，很多人当时都在想，我们这么小的公司怎么可能成为世界级的领先公司？"这并非任正非第一次提出"世界级企业"的目标。1998 年初，在一次员工大会上，任正非说，如果华为保持每年翻番增长，8 年之后就有可能赶上 IBM。十几年后，当年的那些"诳语"竟然一一实现。华为的蝶变再一次证明：理想主义以及惊人的远见是那些伟大创始人的共同特征。

2012 年 7 月，在一份发言提纲中，任正非写道：

> 西方公司的兴衰，彰示了华为公司"以客户为中心，以奋斗者为本，长期坚持艰苦奋斗"的正确。

华为反对短期的经济魔术。当爱立信、思科、摩托罗拉这些竞争对手们都在以"财年、财季"的时点规划未来时，华为是在"以 10 年为单位规划未来"。这正是华为能够追赶并超越对手的奥秘。

新东方董事长俞敏洪的父亲是个木工，常帮别人建房子，每次建完房子，他都会把别人废弃不要的乱砖碎瓦捡回来，久而久之，俞敏洪家院子里多出了一个乱七八糟的砖头碎瓦堆。俞敏洪搞不清这一堆东西的用处，直到有一天，他父亲在院子一角的小空地上开始左右测量，开沟挖槽，和泥砌墙，用那堆乱砖左拼右凑，一间四四方方的小房子居然拔地而起。

当时俞敏洪只是觉得父亲很了不起，一个人就盖了一间房子，然后就继续和其他小朋友一起，贫困但不失快乐地过他的农村生活。

等到长大以后，俞敏洪才逐渐发现父亲做的这件事给他带来的深刻影响。从一块砖头到一堆砖头，最后变成一间小房子，俞敏洪的父亲向他阐释了做成一件事情的全部奥秘。一块砖没有什么用，一堆砖也没有什么用，如果你心中没有一个造房子的梦想，拥有天下所有的砖头也是一堆废物；但如果只有造房子的梦想，而没有砖头，梦想也没法实现。

后来的日子里，这件事情凝聚成的精神一直在激励着俞敏洪，也成了他做事的指导思想。俞敏洪在做事的时候，一般都会问自己两个问题：一是做这件事情的目标是什么，因为盲目做事情就像捡了一堆砖头而不知道干什么一样，会浪费自己的生命。第二个问题是需要多少努力才能够把这件事情做成，也就是需要捡多少砖头才能把房子造好。之后就要有足够的耐心，因为砖头不是一天就能捡够的。

俞敏洪表示："我生命中的三件事证明了这一思路的好处。第一件是我的高考，目标明确：要上大学，第一第二年我都没考上，我的砖头没有捡够，第三年我继续拼命捡砖头，终于进了北大；第二件是我背单词，目标明确：成为中国最好的英语词汇老师之一，于是我开始一个接一个地背单词，在背过的单词不断遗忘的痛苦中，我父亲捡砖头的形象总能浮现在我眼前，最后我终于背下了两三万个单词，成了一名不错的词汇老师；第三件是我做新东方，目标明确：要做成中国最好的英语培训机构之一，然后我就开始给学生上课，平均每天给学生上六到十个小时的课，很多老师倒下了或放弃了，我没有放弃，十几年如一日。每上一次课我就感觉多捡了一块砖头，梦想着把新东方这栋房子建起来。到今天为止我还在努力着，并已经看到了新东方这座房子能够建好的希望。"

俞敏洪正是将大小目标紧密相连，才使得他今天如此成功。

» 第五节 该做的事马上去做

《华为员工手册》中有这样的规定："员工录用分派工作后，应立即赴所分配的单位工作，不得无故拖延推诿。"华为公司认为，拖延必然要付出更大的代价。能拖就拖的人心情总不愉快，总觉疲乏。因为应做而未做的工作不断给他压迫感。"若无闲事挂心头，便是人间好时节"，拖延者心头不空，因而常感时间压力。拖延并不能省下时间和精力，刚好相反，它使你心力交瘁，疲于奔命，不仅于事无补，反而白白浪费了宝贵时间。

今天该做的事拖到明天完成，现在该打的电话等到一两个小时后才打。拖延并非人的本性，它是一种恶习，它不能使问题消失或使问题变得容易起来，而只会制造问题，给工作造成严重的危害。

遇到不紧急的事情时，很多人总喜欢先拖一拖，结果我们会发现等待处理的事情越来越多，而当我们要同时处理一大堆事情的时候，往往会感到紧张和烦恼，觉得无从下手，于是就把事情无止境地拖下去。这样无形中降低了时间利用率，我们会觉得自己总是没有足够多的时间去做事。

著名的"帕金森时间定律"指出，特别是在工作中，一个人在时间上如果没有自律性的话，那么他做某件事的时间就会自动地膨胀并占满所有可用的时间。

帕金森经过多年调查研究，发现一个人做一件事所耗费的时间差别如此之大：他可以在 10 分钟内看完一份报纸，也可以看半天；一个忙人 20 分钟可以寄出一沓明信片，但一个无所事事的老太太为了给远方的外甥女寄张明信片，可以足足花一整天：找明信片一个钟头，寻眼镜一个钟头，查地址半个钟头，写问候的话一个钟头零一刻钟……

如果对于一些任务，我们总是不能在规定的期限内完成，这就是由于我们在工作时缺乏应有的时间意识。因此，要有时间意识，拒绝成为一个拖拉的人。

比尔·盖茨说过，凡是将应该做的事拖延而不立刻去做，想留待将来再做的人总是弱者。凡是有力量、有能耐的人，都会在对一件事情充满兴趣、充满热忱的时候，立刻迎头去做。在对一件事情兴致浓厚的时候去做，与在兴趣、热忱消失之后去做，其难易、苦乐是不能等同而语的。

有一个 6 岁的小男孩，一天在外面玩耍时，发现了一个从树上被风吹落在地的鸟巢，从里面滚出了一只嗷嗷待哺的小麻雀，小男孩决定把它带回家喂养。当他托着小麻雀走到家门口的时候，他突然想起妈妈不允许他在家里养小动物。于是，他轻轻地把小麻雀放在门口，急忙走进屋去请求妈妈，在他的哀求下妈妈终于破例答应了。小男孩兴奋地跑到门口，不料小麻雀已经不见了，他看见一只黑猫正意犹未尽地舔着嘴巴，小男孩为此伤心了很久。但从此他也记住了一个教训：只要是自己认定的事情，绝不可优柔寡断，要马上动手去做。这个小男孩长大后成就了一番事业，他就是华裔"电脑大王"——王安博士。你仔细回想一下，你现在所做的急事是不是你几天前或者一个星期前就应该做的事情？

养成把经手的问题立即解决的习惯，会让我们每时每刻都能轻松应对手头的事情，不会因为积攒下来的一大堆事情而手忙脚乱，这样也有助于我们获得高的工作效率。

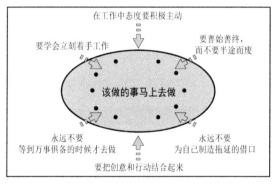

图 2.4 该做的事马上去做

因此，在日常的工作和生活中，我们要努力要求自己做到以下几点（见图 2.4）：

1. 在工作中态度要积极主动

一个人只有以积极主动的态度去面对自己的工作，才会产生自信的心理。这样，在处理事务时，头脑才会保持清醒，内心的恐惧和犹豫也会烟消云散。只有如此，才能够有效地找到处理这些事务的最佳方法。

2. 要学会立刻着手工作

假如在工作中接到新任务，要学会立刻着手工作。这样，才会在工作中不断摸索、创新，一步步排除困难。如果一味地拖延、犹豫，只会在无形中为自己增加更多的问题，这将不利于自己在工作中做出新成绩。

3. 要善始善终，不要半途而废

做事善始善终才会有结果，如果朝三暮四，不能盯准一个目标，每一次都半途而废，是没有任何成绩的。在工作的过程中，即使很普通的计划，如果有效执行，并且继续深入发展，都比半途而废的"完美"计划要好得多，因为前者会有所收获，后者只是前功尽弃。

4. 永远不要为自己制造拖延的借口

"明天""后天""将来"之类的字眼跟"永远不可能做到"的意义相同。所以，我们要时刻注意清理自己的思想，不要让消极拖延的情绪影响了我们行动的路线。

5. 要把创意和行动结合起来

创意本身不能带来成功，但是，它一旦和行动结合起来，将会使我们的工作显得卓有成效。在工作的过程中，我们要把创意和实践结合起来，付诸自己的行动之中，这样，才会为我们的人生和事业打开新的局面。

6. 永远不要等到万事俱备的时候才去做

永远都没有万事俱备的时候，这种完美的想法只是一个幻想。

» 第六节 目标执行就要心无旁骛

> 大家都知道水和空气是世界上最温柔的东西，因此人们常常赞美水性、轻风。但大家又都知道，同样是温柔的东西，火箭可是由空气推动的。火箭燃烧后的高速气体通过一个叫拉法尔喷管的小孔，扩散出来的气流能产生巨大的推力，可以把人类推向宇宙。像美人一样的水，一旦在高压下从一个小孔中喷出来，就可以用于切割钢板。可见力出一孔，其威力之大。

任正非如是说。

与水和空气一样，一个人即便很柔弱，力量不强，但只需要将力量集中于一点，干一行、爱一行、专一行，就能在平凡的岗位上创造出不平凡的业绩。

有这样一个故事，孔子带领学生去楚国采风。他们一行从树林中走出来，看见一位驼背翁正在捕蝉。他拿着竹竿粘捕树上的蝉就像在地上拾取东西一样自如。

"老先生捕蝉的技术真高超。"孔子恭敬地对老翁表示称赞后问，"想必您是有什么妙法吧？"

"方法肯定是有的，我练捕蝉五六个月后，在竿上垒放两粒粘丸而不掉下，蝉便很少有逃脱的；如垒三粒粘丸仍不落地，蝉十有八九会捕住；如能将五粒粘丸垒在竹竿上，捕蝉就会像在地上拾东西一样简单容易了。"捕蝉翁说到此处捋捋胡须，对孔子的学生们传授经验。他说："捕蝉首先要学练站功和臂力。捕蝉时身体定在那里，要像竖立的树桩那样纹丝不动；竹竿从胳膊上伸出去，要像控制树枝一样不颤抖。另外，注意力高度集中，无论天大地广，万物繁多，在我心里只有蝉的翅膀，我专心致志，神情专一。精神到了这番境界，捕起蝉来，那还能不手到擒来，得心应手吗？"

大家听完驼背老人捕蝉的经验之谈，无不感慨万分。孔子对身边的弟子深有感触地议论说："神情专注，专心致志，才能出神入化、得心应手。捕蝉老翁讲的可是做人办事的大道理啊！"

还有这样一个故事。

一位年老的猎人带着他的三个儿子去草原上捕捉野兔。一切准备妥当，这时老猎人向三个儿子提出了一个问题：

"你们看到了什么呢？"

老大回答道："我看到在草原上奔跑的野兔，还有一望无际的草原。"父亲摇摇头说："不对。"

老二回答的是："我看到了爸爸、大哥、弟弟、野兔，还有茫茫无际的草原。"

老猎人又摇摇头说："不对。"

而老三的回答只有一句话："我只看到了野兔。"

这时老猎人才说："你答对了。"

执行就像打猎，要专注于你的目标，做到心无旁骛。从事任何工作都不能朝三暮四，三心二意。专注力是优秀的执行者身上的一大特质，也是一个员工的良好品格。

有些员工有着自己的职业目标和职业规划，他们对自己所做的每个选择都十分谨慎，而且他们一旦从事某项工作后，往往就会不断地努力，心无旁骛。这种员工无论在哪行哪业都易受到企业的重视与欢迎，他们往往是企业内部的精英、骨干，有些甚至是管理高层，而企业要做的是将其留下来。

嘉信理财的董事长兼 CEO 施瓦布是一个先天学习能力不足的人，现在快七十岁了，仍然读写能力不佳，阅读时必须念出来。有时候一本书要看很多次才能理解，写字时也必须以口述的方式，借助电脑软件来完成。这样一个人，如何成就了一番伟大的事业？施瓦布的答案是：他比别人更懂得专注和用功。

他说："我不会同时想着十八个不同的点子，我只投注于某些领域，并且用心去做好它！"

这种"一次只做一件事"的专注态度，在嘉信公司近三十年的历史中体现得特别明显。当其他金融公司将顾客锁定于富裕的投资者时，嘉信推出了平价服务，专心耕耘一般投资大众的市场，心无旁骛，终于开花结果。

每个时期，嘉信都有专心投注的目标，这使它成为业界模仿的对象，在金融业立下一个个里程碑，成为《财富》杂志评选的"全球最受景仰的二十大企业之一"，而且是全美最适合工作的公司。

对于专注，任正非深有体会，因为专注是华为的一股强大力量。《华为基本法》第一条规定："为了使华为成为世界一流的设备供应商，我们将永不进入信息服务业。通过无依赖的市场压力传递，使内部机制永远处于激活状态。"华为专注于自己的核心领域，取得了令人瞩目的成绩，连排名世界 500 强的思科公司也不得不重新审视这个可怕的对手。

» 第七节 目标不可随意变更

有了明确的目标，才会为行动指出正确的方向，才会在实现目标的道路上少走弯路。事实上，漫无目标，或目标过多，都会阻碍我们前进，要实现自己的心中所想，如果不切实际，最终可能是一事无成。

生活中人是应该也必须有目标，否则我们的人生在那种无序的状态下是难有作为的，所以人生要活得精彩就必须有目标，以指引我们在迷茫和困惑中前行。一个人有了明确的目标会令自己少许多困惑，多很多明了，让我们少走弯路，走出一个更明确的人生。目标对于企业的意义也是如此。

目标是在充分考虑到未来一定时期（1 年或半年）的可能变化后制定出来的，因此不能因为环境的细微变化就要求修正目标；目标是经过努力才能达成的，不能因为一些变化造成目标达成困难就要求更改目标，应该努力克服困难，实现目标；不能简单地因为月份或半年执行进度与计划进度不一致就要求修正目标，而是应考虑整个目标执行期的总体完成情况，即使月份或半年执行进度慢于计划进度，但如果目标还是能够在一年内完成就不应该调整目标。

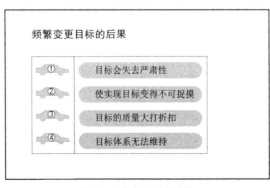

图 2.5　频繁变更目标的后果

企业目标是经过严密程序制定出来的，在制定时包括了对未来的预测和对不确定性的估计，所以一般不存在修正的必要。如果频繁变更目标，会造成以下后果（见图2.5）：

1.目标就失去了严肃性，目标也就失去了意义；

2.执行目标不认真，把目标当成摆设，使实现目标变得不可捉摸；

3.制定目标时不严肃，搞形式主义，敷衍了事，目标的质量大打折扣；

4.由于目标之间具有高度的相关性，某个目标的改变必然要求企业整个目标体系进行相应的改变，否则目标体系就无法维持。在这种情况下，容易产生三个方面的后果：

（1）改变整个目标体系的工作极其复杂，不仅增加管理工作量，而且加大了管理难度，会带来企业管理成本的上升；

（2）由于目标执行的进度不一，调整目标体系，会打乱企业现行的生产经营秩序和各项工作间的平衡，使企业陷入混乱；

（3）目标管理把目标与员工利益上的得失紧密联系在一起，目标体系的变动必然带来利益的变动，而利益的变动对所有人来说不是均等的，就会有人反对，也会有人窃喜，企业内部的团结协作就会出现裂缝。

总之，推行目标管理最好不要修正目标。为了防止目标被修改，一些企业甚至将目标纳入企业章程，就如同国家把发展目标写进了宪法。

华为在创业最初就有国际化的梦想，但其实，这个梦想距离华为还是很远的。在向这个目标迈进的过程中，华为遇到了重重困难，但并没有因此而放弃这个梦想，而是适当地采用了拐大弯的策略，走"农村包围城市"的道路。

在华为的国际市场战略中，有很多都是借鉴其在国内市场的成功经验而制定的。因为中国是世界上最大的通信市场，也是竞争最激烈的市场。世界上所有的通信巨头都活跃在中国市场，而且还曾经垄断过中国市场，也就是业内所说的"七国八制"。中国的电信市场规模巨大，而且一开始就面对的是强大的国际竞争对手，可以说竞争非常激烈。所以，在中国市场摸爬滚打的经验可以给华为走向国际市场提供难得的经验。

华为开拓国际市场，还是沿用国内市场所采用的"农村包围城市"的先易后难策略。华为凭借低价优势进入大的发展中国家，这能规避发达国家准入门槛的种种限制，而且海外大的电信公司难以在发展中国家与华为"血拼"价格。由于电信业是一个标准化很高的行业，新兴市场基础网络设施建设比较差，还没有形成稳定的管理系统，准入门槛比发达国家低。

华为首先打入亚太、非洲和拉美一些发展中国家，这和当时华为的技术水平是相吻合的。这些新兴市场电话普及率低，进入门槛低，同时也是许多大公司忽略的地方。这些市场同中国初期发展的电信市场有相似之处，这使得华为在中国市场积累的丰富经验有了用武之地。

对于当时走出国门的艰难，任正非曾这样描述："当我们走出国门拓展国际市场时，放眼一望，所能看得到的良田沃土，早已被西方公司抢占一空，只有在那些偏远、动乱、自然环境恶劣的地区，他们动作稍慢，投入稍小，我们才有一线机会。为了抓住这最后的机会，无数优秀华为儿女离别故土，远离亲情，奔赴海外，无论是在疾病肆虐的非洲，还是在硝烟未散的伊拉克，或者海啸灾后的印尼，以及地震后的阿尔及利亚……到处都可以看到华为人奋斗的身影。"

华为最开始的重点是市场规模相对较大的俄罗斯和南美地区。以俄罗斯为例，1997 年 4 月华为就在当地建立了合资公司（贝托华为，由俄罗斯贝托康采恩、俄罗斯电信公司和华为三家合资成立），以本地化模式开拓市场。2001 年，在俄罗斯市场销售额超过 1 亿美元，2003 年在独联体国家的销售额超过 3 亿美元，位居独联体市场国际大型设备供应商的前列。南美市场的开拓并不顺利，1997 年华为就在巴西建立了合资企业，但由于南美地区经济环境的持续恶化以及北美电信巨头长期形成的稳定市场地位，一直到 2003 年，华为在南美地区的销售额还不到 1 亿美元。

2000 年之后，华为开始在其他地区全面拓展，包括泰国、新加坡、马来西亚等东南亚市场，以及中东、非洲等区域市场。特别是在华人比较集中的泰国市场，华为连续获得较大的移动智慧网订单。此外，在相对比较发达的地区，如沙特、南非等也取得了良好的销售业绩。

在发展中国家的连战告捷，使华为信心倍增。进入 1999 年后，华为全线产品都得到了很大的提升，就不再满足于仅仅在第三世界国家发展。

然而当华为在发展中国家有所发展的时候，原来根本不把华为看在眼里的跨国巨头们，这时慢慢地感觉到华为将给他们带来威胁，对华为公司进行一些战略上的遏制和经济上的遏制，来压制华为公司在各国市场的发展。不过，对于华为来说，这样的打压根本无法阻止它的前进。

从 21 世纪初开始，华为将目光转向了欧美市场，因为这不仅是一块成熟的市场，占全球市场的份额比较大，而且也是各大通信巨头们的传统势力范围。

华为从电信发展较为薄弱的国家入手，逐渐向电信业发达的地域进军。循序渐进，厉兵秣马，卧薪尝胆，投入近十年的人力、物力和财力，终于厚积薄发，赢得了海外市场的成功。其国际化之路是这样的，1997 年进入俄罗斯，1998 年进入印度，2000 年进入中东和非洲，2001

年迅速扩大到东南亚和欧洲等 40 多个国家和地区，2002 年进入美国。从 2003 年开始，华为的名字与越来越多的国际主流运营商紧密联系在一起。

华为在国际市场咄咄逼人的气势令海外跨国通信制造商不敢轻视这个来自发展中国家的通信制造业的排头兵。思科、富士通状告华为的事例正从另一层面证明了这个说法。

延伸阅读 1

※

牛顿的自我约束

1665 年夏，英国伦敦，一场突如其来的瘟疫迫使当局采取疏散居民的对策，剑桥大学也不得不暂时停课关门。时年 23 岁，正在剑桥大学求学的牛顿回到他的家乡——伍尔兹索普。伍尔兹索普山清水秀、空气清新，山坡上长满了苹果树，这激发了牛顿无穷的想象力和灵感，他在这里一待就是差不多整整两年。就在这两年里，年轻的牛顿在科学上作出了三大发现：微积分、光的色散和万有引力。要是拿到今天来，凭这三大发现，估计牛顿连获两次诺贝尔物理学奖都不会有问题。（注：因为微积分属于数学领域，不在诺贝尔奖的范围内。）

牛顿的这些发现成就了科学思想史上一个非凡的时代，延续了几乎250 年，其间物理学领域毫无重大的突破，直到 20 世纪初冒出来一个爱因斯坦，才打破物理学领域万马齐喑的沉默局面。

牛顿的创造潜力风头不减，三大发现似乎还满足不了他的探索欲。1684 年 12 月底，42 岁的牛顿又跃跃欲试，单枪匹马地发起了数学思想史上的一次重大战役，通过严密的逻辑推理和论证，他一个接一个地攻克了 193 个数学堡垒（数学命题）。这场长达 17 个月的战役，最后以牛顿大获全胜而鸣金收兵。牛顿完成了不仅他本人一生中，也是整个科学史上最伟大的智力成就——三卷本的数学巨著《原理》。

牛顿并没有因为创造了如此丰盛的业绩而身心疲惫不堪，更没有因此而付出生命的代价，英年早逝，他一直活到 84 岁的高寿。这即使在今天，也是一个令人眼红的数字。

牛顿的一生不仅活得有意义，而且也活得很潇洒，他所创造的绩效之高，实在令后人瞠目结舌，诀窍何在？

钱德拉塞卡研究过牛顿的创造模式，他认为牛顿并不是以一种呕心沥血、殚精竭虑、在智力和体力上勉为其难的方式去从事这些科学工作；他也不是出自某种狭隘的崇高动机、背负着沉重的精神十字架去从事这些科学工作。他完全是以愉悦的心态去从事他的科学工作，"我似乎只是一个在海岸上玩耍的孩子，以时常找到一个比普通卵石更光滑的卵石或更美丽的贝壳而自娱，而广大的真理海洋在我面前还仍然没有被发现"。

对此，牛顿自己说："我不杜撰假说。"

也就是说，牛顿研究课题的出发点均来自可以验证的客观事物本质，"并通过实验确定事物的性质，然后通过相当慢的过程提出假说去解释它们"。而"假说只是帮助解释事物的性质而不是确定它们，除非可以用实验去证明"。可见，牛顿对于选题的路标判断得非常准确，所以他总是在做正确的事。

令人深思的是，牛顿其实并不十分看重，或甚至可以说很不看重自己的发现。只有一次是例外，那是他在剑桥大学完成了令他满意的色散实验后，他以热情的口吻提到了他的发现，声称"如果不是最重要的发现，也是最有趣的发现"。但出人意料的是，他被人迎头大泼冷水，不仅得不到支持、理解，反而招致莫名其妙的激烈批评。刚开始牛顿还试图通过阐明他的实验方法来说服这些反对者们，但后来他敏锐地意识到，这是毫无意义的，这些无聊的学术之争就像深不见底的旋涡一样，正把他的宝贵精力和时间卷进去。从今天的经济学的观点来说，也就是他将要为此而付出巨大的成本。牛顿决定把他宝贵的个人资源用在他所钟爱的科学工作方面，从此对出版个人的著作、卷入科学的争论，甚至是对不同观点的讨论，一概采取放弃的态度，甚至心生厌恶。对此，他曾于1676年11月18日明确表示："一个人必须在两者之间作出抉择，要么决心什么新思想都不提出，要么成为一个捍卫新思想的奴隶。"

这里，牛顿提到了一个常识性的问题：不论对于什么事物，在大多数情况下，捍卫它们的难度和成本总是要大于创造它们的难度和成本。比如，听说一个敌对分子要进城来搞破坏，那么四面城门都要派人警卫，而且24小时严防死守，同时城内还要全场紧逼人盯人，清洗整顿，避免内奸里应外合。你说这样的成本会有多惊人。难怪所有著名的战略战术家都要研究运动战，而不是保卫战。

过去因为不重视经济建设，搞实业难以有所造就，治学成了唯一的出路。所以就有人把学术看作是学者的生命，不断地有人要为抢先发表、捍卫学术争得面红耳赤，不惜撕破脸面制造对立，甚至以学术的分野划分派别，相互斗争。总而言之一句话，砍头不要紧，只要学术真。

牛顿很实在，他不把学术看成是生命，只把世俗的肉体生命看成是生命，对于他来说，正可谓是：学术虽可贵，面子价也高，若为实在故，两者皆可抛。这在当年，实在是难能可贵。

牛顿下定决心不做捍卫新思想的奴隶，他解放思想、丢掉包袱、轻装上阵，甩开手大踏步地前进。同时，为了不刺激那些在学术界的新思想捍卫者们，以免惹祸上身，"领先三步成先烈"，牛顿甚至故意把他的科学著作（比如数学《原理》）写得平淡刻板，甚至干涩深奥，不仅使外行敬而远之，也使学界精英们读起来如同嚼蜡。结果是想捧场的无从出口，想批判的也无从下手，反倒是一片风平浪静。其实只有牛顿心里明白，这些看似平淡干涩的东西才是实实在在的好东西。

更有甚者，有时牛顿干脆把他的研究成果锁在抽屉里，束之高阁，根本就不予示人。1684 年 8 月，科学家哈雷（哈雷彗星的发现者）对于行星轨道在平方反比引力作用下的形状百思不得其解，于是前往剑桥请教牛顿。牛顿听哈雷提出问题后，立即干净利落地告诉哈雷，行星的轨道当然是一个椭圆！而且这是一个他早在 1677 年——7 年前就已经解决了的问题。哈雷听了，瞪大了眼睛，"这样伟大的发现，牛顿居然把它藏了 7 年"！

牛顿在学术和生活上的成功，表明他真正地掌握了"灰度"，他是当之无愧的导师。

牛顿为何对于争先恐后地发表科学著作，或是卷入无休止的科学争论等诸如此类的行径采取避而远之的态度，他在 1682 年 9 月 12 日所说的两段话最能揭示其根本原因：

"能得到公众广泛的好评和承认，我并不认为这有什么值得我羡慕的。这也许会使与我相识的人增多，但我正努力设法减少相识的人。""拿起笔写那些可能会引起争议的文章是最可羞的事，这种想法与日俱增。"这不由得使我们想起杜甫的那句诗："名岂文章著。"

"轰轰烈烈地做事，收敛低调地做人。"牛顿在做事和做人之间把握了很好的平衡。用今天的话来说，当初牛顿从事科学探索的动机既不是为了晋升评职称，也不是为了名垂青史，所以他才能把握实事求是这一关，始终去做正确的事。尽管管理学作为一门新生的学科在牛顿死后230 年才呱呱落地，可是，今天无论怎样看，牛顿都是一个自我激励、自我约束的好典范。他的自我管理艺术建立在实事求是的基础之上，所以他才能心无旁骛地发挥出专心致志的能力。

今天仍有人对牛顿求全责备，认为他对很多事件迟钝、不敏感。对此，我们要反思，如果牛顿对很多事件都敏感和通达，那么今天是否还有牛顿？是否还有三大发现和《原理》？

（本文摘编自《牛顿的自我约束》，作者：陈培根，来源：华为人，2003）

延 伸 阅 读 2

※

清晰的方向来自灰度

清晰的方向来自灰度

一个领导人重要的素质是方向、节奏。他的水平就是合适的灰度。坚定不移的正确方向来自灰度、妥协与宽容。

一个清晰的方向，是在混沌中产生的，是从灰色中脱颖而出。方向是随时间与空间而变的，它常常又会变得不清晰，并不是非白即黑、非此即彼。合理地掌握合适的灰度，是使各种影响发展的要素，在一段时间和谐，这种和谐的过程叫妥协，这种和谐的结果叫灰度。

"妥协"一词似乎人人都懂，用不着深究，其实不然。妥协的内涵和底蕴比它的字面含义丰富得多，而懂得它与实践它更是完全不同的两回事。我们华为的干部，大多比较年轻，血气方刚，干劲冲天，不大懂得必要的妥协，也会产生较大的阻力。

纵观中国历史上的变法，虽然对中国社会进步产生了不灭的影响，但大多没有达到变革者的理想。我认为，面对它们所处的时代环境，他们的变革太激进、太僵化，冲破阻力的方法太苛刻。如果他们用较长时间来实践，而不是太急迫、太全面，收效也许会好一些。其实就是缺少灰度。方向是坚定不移的，但并不是一条直线，也许是不断左右摇摆的曲线，在某些时段来说，还会画一个圈，但是我们离得远一些或粗一些来看，它的方向仍是紧紧地指着前方。

没有妥协就没有灰度

坚持正确的方向，与妥协并不矛盾，相反妥协是对坚定不移方向的坚持。

当然，方向是不可以妥协的，原则也是不可以妥协的。但是，实现目标过程中的一切都可以妥协，只要它有利于目标的实现，为什么不能妥协一下？当目标方向清楚了，如果此路不通，我们妥协一下，绕个弯，总比原地踏步要好，干吗要一头撞到南墙上？

在一些人的眼中，妥协似乎是软弱和不坚定的表现，似乎只有毫不妥协，方能显示出英雄本色。但是，这种非此即彼的思维方式，实际上是认定人与人之间的关系是征服与被征服的关系，没有任何妥协的余地。

"妥协"其实是非常务实、通权达变的丛林智慧，凡是人性丛林里的智者，都懂得恰当时机接受别人妥协，或向别人提出妥协，毕竟人要生存，靠的是理性，而不是意气。

"妥协"是双方或多方在某种条件下达成的共识，在解决问题上，它不是最好的办法，但在没有更好的方法出现之前，它却是最好的方法，因为它有不少的好处。

妥协并不意味着放弃原则，一味地让步。明智的妥协是一种适当的交换。为了达到主要的目标，可以在次要的目标上做适当的让步。这种妥协并不是完全放弃原则，而是以退为进，通过适当的交换来确保目标的实现。相反，不明智的妥协，就是缺乏适当的权衡，或是坚持了次要目标而放弃了主要目标，或是妥协的代价过高遭受不必要的损失。

明智的妥协是一种让步的艺术，妥协也是一种美德，而掌握这种高超的艺术，是管理者的必备素质。

只有妥协，才能实现"双赢"和"多赢"，否则必然两败俱伤。因为妥协能够消除冲突，拒绝妥协，必然是对抗的前奏；我们的各级干部真正领悟了妥协的艺术，学会了宽容，保持开放的心态，就会真正达到灰度的境界，就能够在正确的道路上走得更远，走得更扎实。

第 3 章

时间管理：
掌握你的生活

重要的事情不着急，着急的事情不重要。

——任正非

» 第一节 掌握自己的时间

工作中，很多人都感觉自己没做什么事情，一整天就这样浑浑噩噩地过去了。

也有人认为，每天在办公室熬到下班，这种"看似忙碌"的状态能让自己变得更高产。

一个"人艰不拆"的真相是：你坐满 8 小时，往往真正有效的工作时间只有 90 分钟。

你愿意在剩余的几个小时去做更重要的事，还是眼睁睁地看着时间被一点一滴地浪费掉？

据统计，一个上班族，每个工作日只有 90 分钟在真正有效地工作。当天剩下的大部分时间，都被浪费在各种让人分心的事物上——处理邮件、看新闻、刷社交媒体、和同事侃大山、吃吃零食、放空走神等。一小时的高效工作和一小时的低效工作，最终的结果差异有多大？

一小时的高效工作，其工作量是低效工作的 10 多倍。

你在办公室待到很晚，但工作效率经常只有个人实际能力的 20%，这样做有什么意义？

为什么不直接做完 90 分钟的实质工作，然后就结束当天工作安心回家？

华为的一位员工有着这样的记录：

华为印度所曾经推荐给所有中国员工几本好书，有一本叫 *Personal Software Process*（*PSP*）（《个体软件过程》），是一本介绍如何提高个人能力成熟度的经典之作。

我刚到印度不久，曾经与一名中国项目经理在闲谈中探讨他来印度工作一年的感受。他说，初来印度是作为一个普通开发人员与印度一家著名的软件公司合作开发项目，他发现负责他们项目组的印度公司 QA（质量保证）非常神奇，经常画着各种曲线，就能了解到项目的状况，并对项目经理提出很有价值的意见和建议，他为此深深吸引，逐渐接受了这里的 Quality Culture（质量文化）。开始仔细阅读 PSP，并将此应用到他个人的日常工作中，每天都将自己在公司的所有活动以及所花费的时间全部记录下来（包括上洗手间、喝茶和聊天的时间）来量化自己。令他非常惊奇的是，自己从早到晚努力工作、加班，到头来真正对产品开发直接的贡献仅仅只有 3 小时。对他来说这简直不可思议，但又的确是事实。为此他开始对自己各个量化的活动进行分析，没有价值的活动尽量减少，有成效的活动尽量延长。经过一段时间的努力，他欣喜地发现自己在没有延长绝对工作时间的情况下，真正有效的工作时间增加到 7 小时。他还在坚持不懈地量化自己，提高自己。曾经有一段时间他很少像别人那样长时间加班，他笑谈自己从早上到办公室到晚上离开办公室都在马不停蹄，为什么一定要长时间加班呢？

想要管理自己，使自己的工作和生活更有效率，应该从时间安排上着手，而不是从计划入手。首先要了解自己的时间到底是怎么使用的，然后再来重新安排自己的时间，削减那些既花时间而又不产生价值的工作。最后，将自己可以支配的断断续续的时间汇合成大块的可以持续的时间单元。

时间因其是一种非同一般的资源而尤为重要。

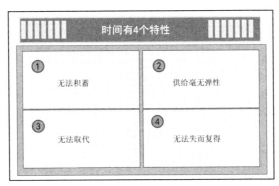

图 3.1 时间的 4 个特性

时间有 4 个特性（见图 3.1）：

1. 无法积蓄：时间无法像人力、财力、物力和技术那样被储藏。不论行为者是否愿意，他都必须消费时间。

2. 供给毫无弹性：时间供给量固定不变，每天都是 24 小时，不会增加或是减少。时间失去以后是完全无法补偿的。

3. 无法取代：时间是任何活动都不可缺少的基本资源，因而无法被取代。在一定的范围内，我们可以用一种资源来替代另一种资源，比如，用铜来替代铝，用资金来替代劳力。我们可以使用更多的智力，也可以使用更多的体力。但是没有任何东西可以替代已经失去的时间。

4. 无法失而复得：时间的丧失是永久性的，任何人无力挽回。做任何工作都要耗费时间，时间是必须具备的一个条件。完成任何工作都要耗费时间。

要说卓有成效的华为人与其他人有所不同的话，其最大的区别就在于他们对自己的时间十分爱惜。

1. 记录时间

记录时间最重要的是工作现场的记录，而不是补记的。准确地说是要求记录的误差不大于 15 分钟，否则记录就无使用价值；切勿相信凭记忆的估计，人对时间这种抽象物质的记忆是十分不可靠的。

了解自己的时间使用状况并非什么难事，列一份在一周内花费时间的清单，并非计算每一分钟的"时间难题"，而只是记录下一周内每隔半个小时的所有活动。只要持之以恒地记录，即可获得一份完整的时间开销单，接下来就可以进行时间开销清单的分析和诊断。

追踪时间使用状况：

及时调整时间分配计划。在检查时间记录时，要找出上一时段计划时间与实耗时间的差，并以此为根据，对下一时段的时间耗用予以重新分配；选择的时间记录区段要有代表性；每填完一个时间区段后，对时间耗费情况进行分类统计，看看用于开会、听汇报、检查工作、调查研究、走访用户、读书看报等项目的时间比例有多大，并绘成图表。

2. 要做有系统的时间管理

分析时间耗费的情况，找出浪费时间的因素。浪费时间的因素主要表现在：做了不该做的工作；做了应该由别人做的工作；做了浪费别人时间的工作；犯了过去犯过的错误；开会和处理人事关系时间过长等等。通过反馈，根据分析结果制订消除浪费时间因素的计划，并反馈于下一时段。

» 第二节　韵律原则抗干扰

日本专业的统计数据指出："人们一般每 8 分钟会受到 1 次打扰，每小时大约 7 次，或者说每天 50~60 次。平均每次打扰大约是 5 分钟，总共每天大约 4 小时，也就是约 50%。其中 80%（约 3 小时）的打扰是没有意义或者极少有价值的。同时人被打扰后重拾原来的思路平均需要 3 分钟，总共每天大约就是 2.5 小时。"根据以上的统计数据，可以发现，每天因打扰而产生的时间损失约为 5.5 小时，按 8 小时工作制算，这占了工作时间的 68.7%。

在自己熟悉和相对简单的工作之间换来换去，并不耗费多少精力——就像一边打电话，一边往洗衣机里塞待洗的衣物，可以一心二用。在更为复杂和自己不熟悉的工作之间转换，会耗费大量的时间和精力。这就是为什么开车时打电话非常危险，因为你对哪一件事都不能专心致志，一旦掌握不好，其中的一件事就可能产生严重后果。

在工作中，知道在什么时候、如何集中精力同样至关重要，尽管由于注意力不集中而可能受到影响的仅仅是工作效率。提出"聪明的艺术"的美国心理学之父哲学家威廉·詹姆斯（William James）在一百多年前就写道："聪明的艺术，就是懂得忽略的艺术。"

华为也明显认识到这一点，在华为人小宁笔记本的页头，赫然用红笔写着"打扰是第一时间大盗"。

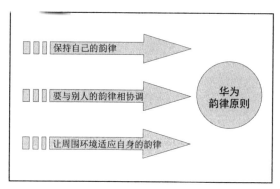

图 3.2　韵律原则

为了解决这个问题，华为提出了自己的时间管理法则——"韵律原则"（见图 3.2），它包括三个方面的内容：

一、保持自己的韵律

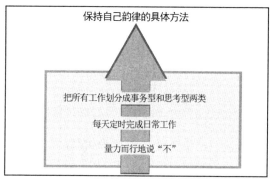

图 3.3　保持自己的韵律

具体的方法包括（见图 3.3）：

（1）把所有工作划分成事务型和思考型两类，分别对待。所有的工作无非两类：事务型的工作不需要你动脑筋，可以按照所熟悉的流程一路做下去，并且不怕干扰和中断；思考型的工作则必须你集中精力，一气呵成。

对于事务型的工作，你可以按照计划在任何情况下顺序处理；而对于思考型的工作，你必须谨慎地安排时间，在集中而不被干扰的情况下去进行。对于思考型的工作，最好的办法不是匆忙地去做，而是先在日常工作和生活中不停地去想：吃饭时想，睡不着觉的时候想，在路上想，上卫生间的时候想。当你的思考累积到一定时间后，再安排时间集中去做，你会发现，成果会如泉水一般，不用费力，就会自动地汩汩而来，你要做的无非是记录和整理它们而已！

（2）每天定时完成日常工作：你每天都需要做一些日常工作，以和别人保持必要的接触，或者保持一个良好的工作环境，这些工作包括查看电子邮件，和同事或上级交流，浏览邮件，打扫卫生等等。处理这些日常工作的最佳方法是定时完成——在每天预定好的时刻集中处理这些事情，可以是一次也可以是两次，并且一般都安排在上午或下午工作开始的时候，而在其他时候，根本不要去想它！

（3）华为人认为，人们组织工作不当中最常见的一种情况就是不会拒绝，这特别容易发生在热情洋溢的新人身上。新人为了表现自己，往往把来自各方的请求都一一不假思索地接受下来，但这不是一种明智的行为。

量力而行地说"不"，对己对人都是一种负责。首先，自己不能胜任请求的工作，不仅徒费时间，还会对自己其他工作造成障碍。同时，无论是工作延误还是效果无法达标，都会打乱请求人的时间安排，结果"双输"。

所以华为一向强调，接到别人的请求，不要急于说"是"，而是分析一下自己能不能如期按质地完成工作。如果不能，那要具体与请求人协调，在必要的时刻，要敢于说"不"。

当无数的人想占用你的时间、精力和才干，能保护你优先顺序不被打扰最有效的工具之一，就是具备对他们说"不"的能力。在你有过多次本来想说"不"却违心地说了"是"的痛苦经历以后，说"不"可能是一个比较困难的选择。但是如果想要有效地把握自己的优先顺序，为自己找到更多的时间，这就是一个非学不可的技巧。

来看一看下面这些"自然正常"的请求吧：

我下个星期准备搬家，周末你来帮我一下好吗？

这个星期你来替我一下吧，这段时间我太累了。

下个星期天的上午我要赶到机场去，你能送送我吗？还有，下个星期五晚上十点我还需要你来接我一下。

几乎每一个人都曾有过对一件事明明心里想拒绝，可还是答应下来的经历。无论这样做的理由是什么，这样太随便地应允他人要求的做法，到后来就会使你不由自主地把"要求"当做自己的义务，并且一而再、再而三毫无意义地履行这些义务。你把本来留给自己的时间都用到了如何去"有益于"别人的身上，你宽慰自己"以后还会有时间的"，所以你现在不妨去为别人尽更多的"义务"。

除非你现在就放弃一些事情，否则新的"义务"会源源不断而来，无休无止地耗费你的时间和精力，"请求"你做这做那，让你不堪重负。

二、要与别人的韵律相协调

具体的方法包括：不要唐突地拜访对方，了解对方的行为习惯等。如果你想要别人尊重你的时间，你就要尊重别人的时间。不要打扰同事——当你需要和别人谈话时，先问问对方"有时间吗"？你可能发现，有几个同事（或房间里的其他人）很沮丧被打扰。如果是这样，寻找一些方法让每个人都舒适一点——早上做需要聚精会神的工作，下午鼓励更多的讨论和合作。

三、让周围环境适应自身的韵律

缺乏专心并非只因为来自外部的干扰。这也得责怪听音乐、五光十色的更新屏幕背景、购物网站、即时通讯的客户端想吸引你的注意等。它们缤纷缭乱，转移了你的目光，让你的注意力不集中。凌乱的桌面（实际的办公桌和计算机）充满了分散力，花几分钟清理你的桌面。

一旦你拥有了无视觉混乱的工作环境，也请同样地清理你的计算机。删掉那些桌面上的小图标，关掉所有的即时通讯软件、音乐播放器、股票行情软件，还有 E-mail 程序。不必担心漏失紧急的消息，如果真有那么紧急，那就是世界末日了。

» 第三节　找到最重要的事

如果凡事都能分清轻重缓急，只着力于最重要的事，那么摘月便指日可待。追求卓越的方法就是在你的人生中制造出多米诺效应。

推倒多米诺骨牌相对简单，垒好骨牌后轻推第一块就行了。但现实中的事却麻烦多多，它们可不会按顺序排好，还告诉你"从这里开始发力"。卓有成效的华为人深知这一点，所以他们每天都会为当天要处理的事情排好优先次序，完成最紧要的事就像推倒第一块多米诺骨牌，接着剩下的问题都会迎刃而解。

博学的人会花时间学习，技艺精湛的人会花时间锤炼技术，成功的人会花时间做事，富有的人会花时间赚钱。

时间是关键。成功总是逐步获得的，一步一个脚印，一次做好一件事。

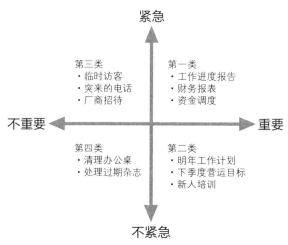

图 3.4　时间管理四象限图

根据重要性和紧迫性，我们可以将所有的事件分成 4 类（即建立一个二维四象限的坐标体系）（见图 3.4），它们分别是：

第一类，"重要且紧急"的事件。例如：处理危机，完成有期限压力的工作等。

第二类，"重要但不紧急"的事件。例如：防患于未然的改善，建立人际关系网络，发展新机会，长期工作规划，有效的休闲，等等。

第三类，"不重要但紧急"的事件。例如：不速之客，某些电话、会议、信件。

第四类，"不重要且不紧急"的事件，更直接地来说是"浪费时间"的事件。例如：阅读令人上瘾的无聊小说，收看毫无价值的电视节目等。

华为时间管理培训指出，第三类事件的收缩和第四类事件的舍弃是众所周知的时间管理方式，但在第一类事件与第二类事件的处理上，人们却往往不那么明智——很多人更关注于第一类事件，这将会使人长期处于高压力的工作状态下，经常忙于收拾残局和处理危机，这很容易使人精疲力竭，长此以往既不利于个人也不利于工作。

华为人小宁说："我在进华为之前，以及在华为的初期，也是一个关注于第一象限事件的人。那时候感觉很糟，天天加班，而且工作质量也不尽如人意。后来我转换了关注的方向，发现整个感觉都改变了。这主要是因为第一象限与第二象限的事本来就是互通的，第二象限的扩大会使第一象限的事件减少，而且处理时由于时间比较充足，效果都会比较好。人也更有自信了。"

任正非曾表示："要紧紧抓住那些并不紧急而十分重要的事，以引导部门的正确前进。各大部门副职应从日常工作抓起，要一条一条地去理清，紧紧抓住那些十分紧急而又不十分重要的事，一步一步地把部门向前推进。"

》第四节 时间分配：80/20 法则

80/20 法则是意大利经济学家帕累托提出的，他认为：原因和结果、投入和产出、努力和报酬之间本来存在着无法解释的不平衡，一般情形下，产出或报酬是由少数的原因、投入和努力产生的，若以数学方式测量这个不平衡，得到的基准线是一个 80/20 关系——结果、产出或报酬的 80% 取决于 20% 的原因、投入或努力。举例说明：

80% 的销售额源自 20% 的顾客；

80% 的电话来自 20% 的朋友；

80% 的总产量来自 20% 的产品；

80% 的财富集中在 20% 的人手中；

20% 的人口与 20% 的疾病，会消耗 80% 的医疗资源。

帕累托认为：在任何特定群体中，只要能控制具有重要性的少数因子，即能控制全局。这个原理经过多年的演化，已变成当今管理学界所熟知的 80/20 法则，即 80% 的价值是来自 20% 的因子，其余 20% 的价值则来自 80% 的因子。

一般情况下，人们习惯先做喜欢做的事，然后再做不喜欢做的事；或先做熟悉的事，然后再做不熟悉的事，很显然，这些都不符合高效工作方法的要求。

"80/20 法则"给我们的一个重要启示便是：避免将时间花在琐碎的不产生最大效能和价值的多数问题上，因为就算你花了 80% 的时间，你也只能取得 20% 的成效，应该将时间花在重要的少数问题上，因为解决这些重要的少数问题，你只需花 20% 的时间，即可取得 80% 的成效。

陆明是一家进出口公司的顶尖业务员。刚入行那会儿，他每天工作 12 个小时以上，但业绩始终不好。一次偶然的机会，他从独立创业的同学那儿知道了 80/20 法则，猛然间若有所悟，决定将自己的工作方案重新改良一番。

他把自己的所有客户都列在一张纸上，然后按照重要程度一一排序。他发现，压根没有购买意愿的客户占总人数的 60%，有购买意愿的客户占总人数的 30%，有强烈购买意愿的客户仅占总人数的 10%。于是，他把那 60% 压根没有购买意愿的客户从自己的客户群中彻底删除，然后开始盘算如何分配时间去面对剩下的 40% 的客户。

经过一番思考，他决定拿出 80% 的时间和精力去应对那些有强烈购买意愿，并且有足够实力的客户，拿出 20% 的时间和精力去应对那些虽有购买意愿，但意愿不够强烈，且实力不是很强的客户。

按照新的工作方案忙碌一段时间后，陆明最直接的体会是，他的工作时间缩短了，由原来的 12 个小时缩短为 8 个小时。另外，由于把大部分精力用在了最重要的客户上，事先做足了各方面准备，客户对他的满意度也有所提升。结果，没用多长时间，有一家重要大客户就和他签约了。经过三年多的磨炼，陆明最终成为公司的顶尖业务员。

传统的销售方法是客户先交了定金后，待收到产品后再将余款全部付清。但是，华为销售人员却发现：虽然一部分客户具有购买意向，但不得不放弃产品购买，因为他们无力马上拿出大额的款项。2004 年，华为申请到政策性银行的支持，自此开始大规模地为客户提供信贷。这一系列融资措施支持催发了华为在海外急速扩张的势头。事实证明，2005 年后华为的合同销售额增长的 80% 以上来自海外市场。

不难发现，华为为客户提供信贷的行为正是利用了 80/20 法则——优先考虑带来 80% 利润的 20% 的客户，也就是将工作中 80% 的时间和精力留给了这些带来 80% 利润的重要客户。并且，80/20 法则意味着掌握工作中的重点，这种方法也可以使实际工作结果与工作计划不发生偏差；即使有时间危机时，我们仍然可以保证最关键的 20% 的事务具有最高优先级。

优质资源要向优质客户倾斜，这也体现了华为的 80/20 法则。2013 年，任正非和广州代表处的员工座谈时这样说道："我最近一直在提倡一个观点，就是优质资源要向优质客户倾斜。服务好优质客户，就是对优质客户最大的回报。今天，我对广东运营商高层也说了，赚了钱我们才有生存和发展的基础，对于优质客户，我们最好的回报就是配置优质资源服务好你们，使你们获得更大的成功，这样才是一个好的循环。"

"好好服务于客户，这就是机制。我们的改革方向就是优质资源要向优质客户倾斜。优秀的作战队伍，以及服务平台，职级就是要高一些，与别的代表处不过分强调平衡。赚了钱，我就把高级别的服务人员放到你那里去，把你服务好，客户就知道还是华为好，绑定华为才能胜利。我们这么做，优质客户以后都会说，不吃亏不吃亏。"

"作为CFO（首席财务官），你一定要把这个账算清楚，优质资源一定要向优质客户倾斜。你从优质客户那里赚到了钱，你应该对人家给予回报。什么是优质资源，就是提高一线连长的级别。连长可以是上尉，也可以是中校，也可以是上校，也可以是少将。所以我们现在提出来要提高一线作战部队的任职资格，就是使好的资源可以配置服务于优质客户，就是这个意思。"

» 第五节 集中精力干好一件事

做事集中精力，是由人的特点所决定的。其理由是：要做的重要贡献非常多，而可做贡献的时间却十分有限。集中精力也是出于这样一种需要：绝大多数人在一段时间里要做好一件事已经相当困难，如果要同时做好两件事自然就更不容易了。集中精力做好一项工作之所以必要，是因为我们总有许多工作要做。一次做好一项工作，恰恰就是加快工作速度的最佳办法。

这就是华为人能完成那么多看上去很困难事情的"秘诀"所在。他们每次只干一件事，其结果是他们干每件事所需要的时间总比其他人少很多。

做不成什么事情的人往往看上去比谁都更忙。首先，他们低估了做每件事情所需要的时间。其次，一些成不了事的人总喜欢赶进度，结果发现欲速则不达。最后，更有一些人总想一下子做几件事情。卓有成效的华为人懂得，他们必须要完成许多工作，而且每项工作都要达到一定的效果。因此，他们会集中公司的一切资源以及他们自己的时间和精力，坚持把重要的事情放在前面先做，每次做完一件事情。

图 3.5　集中精力干好一件事

集中精力干好一件事需要注意下面几点（见图 3.5）：

1. 接受分心是人类的天性，对于出现分心的状态，不去懊恼，也不批判自己，接受即可，而后谋求改变，重新回到专注一件事情的状态上即可。

2. 总结一下自己为何不能专注在一件事情上，一般是什么情况下自己因为什么从一件事情上跳到另外一件事情上。清楚了这些原因，你才能更好地制定出针对自己情况的应对策略。

3. 多锻炼专注在一件事情上。一种策略是"别无选择"的策略，要求自己在做一件事情的时间范围内，只做这件事情，如果自己不想做，那就闲着、发呆，但不允许做其他的事情，也不去想其他的事情，除了与这件事情相关之外，其他任何事情都不做。刚开始会觉得浪费时间，多练习后，会进入一种"别无选择"的专注。

4. 不强迫自己，顺其自然。某些时候，实在无法专注，那就放下，完全地去放松，直到自己又想回来。然后调整状态，自然而然地继续。

2006 年，华为"海外子公司 ERP 实施"项目升级为公司级变革项目，名称简化为"海外 ERP 项目"。项目群由运作与交付体系总裁做赞助人，并成立了由财务、供应链、采购、GTS 备件管理、流程与 IT 组成的重量级跨部门团队，成员扩充到 200 人以上。项目目标修订为：整合子公司运作流程，贯彻落实集团会计政策，并在有条件的子公司实施 ERP 系统，支持子公司的财务、供应链、采购等业务领域的运作和管理。

项目启动之初，任总亲自召集项目核心成员，明确了项目实施方向和指导思想。强调要坚持实事求是，谨防冒进；要抓住事物的主要矛盾，首先把主流程打通；IT 系统要简单、实用，不要追求完美。在项目推进策略上，不要急于求成，项目组应像细胞分裂一样，逐步分裂下去。先集中精力解决几个重点国家的问题，并形成一个团队。然后一个团队再分裂成两个团队，这样一步一步不断扩大实施范围。成熟的流程先推行，财务问题首先要解决掉。

华为公司本身就是集中精力干好一件事的典范。华为多年来一直坚持着专业化。打造专一品牌可以使企业集中优势力量，把产品做精做强。专业化就是集中精力做一件事，专心、专注、专一。

在 20 世纪八九十年代，中国大陆企业曾掀起了一阵多元化的浪潮。1992 年，海尔结束了长达 7 年的专业化阶段，从冰箱扩展到洗衣机、电视、DVD、小家电、电脑、手机等行业；同年，珠海巨人集团做出了多元化的决定，斥资 5 亿元推出了电脑、保健品、药品三大系列 30 多个新品。

在中国企业多元化倾向愈演愈烈的同时，任正非的目光却很超前，他早早地就提出专业化的经营战略。《华为基本法》第一条就规定："为了使华为成为世界一流的设备供应商，我们将永不进入信息服务业。通过无依赖的市场压力传递，使内部机制永远处于激活状态。"

任正非信奉"将所有的鸡蛋都放在同一个篮子里"，无论是在业务选择还是在研发投入上，这种专业主义的坚持，至今令诸多企业家折服。联想董事局主席柳传志将任正非的路比喻成敢从珠峰走南坡，柳传志说："这本身就使我对他充满敬重。"与平滑的北坡相比，南坡的艰险更需要攀登的勇气。

著名管理专家王育琨分析道："华为固守通讯设备供应这个战略产业，除了是维持公司运营的需要，还为结成更多战略同盟打下了基础。商业竞争有时很奇怪，为了排除潜在的竞争者，花多大血本都不在乎。在通讯运营这个垄断性行业，你可以在一个区域获得一小部分的收益，可是在更多区域运营商们会关闭你切入的通道。任正非深知人性的弱点，守护着华为长远的战略利益。"

纵观华为的发展历程，的确是一直专注于电子信息领域。当然，这几年，我们看到华为开始涉及其他领域，如智能手机。而华为开始涉及其他领域也是在其达到行业领头位置的时候才开始的。

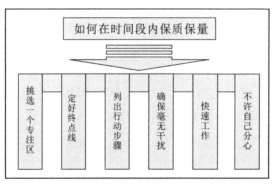

图 3.6　如何在时间段内保质保量

如何在时间段内保质保量，需要注意以下几点（见图 3.6）：

1. 挑选一个专注区

我们总是恨不得一下做完所有的事情，但通常到最后哪个都做不好。多数人失败，不是因为他们的能力不够。他们失败，是因为把能力分散到太多的方向上。所以，不要再做一大堆随机选择的行动——你在一个时间段，只做一件事，只把精力放在一件事上，能够让你变得更有效率。

2. 定好终点线

上面所提到的"专注的时间段"，是向着终点线的一段快速冲刺。但你首先要明确：终点线在哪里？它该是什么样子？拥有一个可以实现的清晰目标，能帮你在 90 分钟内更好地提高专注度。

3. 列出行动步骤

列出你在相应时间段内要做的事情的具体步骤。举例说明：先删除收件箱中所有垃圾邮件，再快速处理所有能在两分钟内回复完毕的信件。接着，对需要回复的较长信件进行分类整理，并安排好回复优先顺序。之后回复较长信件中对自己最重要的那些，这样差不多时间就到了。对于剩下的邮件，直接将其存档并清空收件箱。

4. 确保毫无干扰

无论用什么方法，都要确保在专注的时间段中，任何情况下自己都不会受到干扰。如果需要，提前告诉人们你在之后的 90 分钟里不想被打扰，让他们知道在这段时间后找你。若你无法保证在现有工作环境中不会被打扰，就到其他地方完成这个时间段的工作。如果能确保自己不受干扰，你就会更有效率、更有注意力。

5. 快速工作

快速思考、行动、工作。若你发现自己动作缓慢，就尽快提速。把自己想象成正在参加赛跑，不得不在 90 分钟里保持强劲步伐。赛跑结束后你就能好好休息。这种工作状态可以通过训练变得更加容易实现。

6. 不许自己分心

在专注的时间段内，你必须做自己预先定义好的工作，此外再无其他事项。关掉手机，停用任何可能干扰自己的通知功能。如非必要，就断开网络连接。在这段时间不查看微信，不喝咖啡或吃零食。只在必要时才上洗手间。

✳

管理能量，而非时间

在过去 5 年里，我和 Energy Project 公司的同事们为一些大型组织提供了咨询和培训服务，与数千位领导人和管理者有过合作。值得注意的是，这些高管都不约而同地告诉我们：为了在工作压力面前挺住，他们把自己的发条越拧越紧，感觉就要崩溃了。

延长工作时间之所以不可取，是因为时间是一种有限的资源。相比之下，能量则不同。物理学将能量（Energy）定义为工作时可资使用的潜在能力，对于人类来说，能量主要来自 4 个源泉——身体、情绪、思想和精神，通过形成特定的习惯，以上每个源泉都能为人类系统地增加并定时补充能量（见图 3.7）。

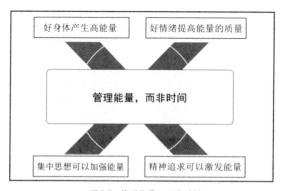

图 3.7 管理能量，而非时间

所谓特定的习惯，就是有意识地按照严格的时间表进行日常活动，并尽快使它们转变为无意识的、自动自觉的行为。

好身体产生高能量

我们的计划首先从对体能的关注开始。谁都知道营养不良、缺少运动、睡眠不足和休息不够会降低人的基础能量水平，削弱他们的情绪控制力和专注力。然而，现实中许多高管都无法将有益健康的行为坚持下去，因为生活中牵扯他们精力的事太多了。

我们需要做的是，定期进行循环系统和力量的训练；在指定的时间就寝，使睡眠时间得以延长；改变自己的饮食习惯。在一天的工作当中，间或离开办公桌休息片刻。这种休息的好处在生理学上是有依据的。"亚昼夜节律"（ultradian rhythm）是一个 90 到 120 分钟的周期，在此期间，我们的身体逐渐从精力旺盛的状态过渡到生理上的低谷期。在每个周期即将结束时，身体就开始渴望进入恢复期，它会发出一些信号，包括坐立不安、打哈欠、饥饿、走神，但我们许多人都不把这些当回事，继续埋头苦干。结果，随着一天工作的结束，我们的能量储备——剩余潜能——也被消耗殆尽了。

我们发现，间或休息一下来补充能量能够提高和稳定绩效。休息的质量比时间更为重要。如果你能养成定时放下手头工作休息的习惯，真正做到张弛有度，那么你就有可能在短时间内（甚至是几分钟内）得到很好的恢复。休息的方式多种多样，你可以和同事聊聊工作以外的事，可以打开 iPod 播放器听听音乐，也可以在办公楼的楼梯上下走几个来回。虽然在大多数组织文化中，休息都不值得称道，也不符合许多事业有成者的观念，但休息的确给我们带来很多益处。

好情绪提高能量的质量

不管外部压力有多大，人们只要控制好自己的情绪，就可以提高能量的质量。为做到这一点，我们首先必须弄清楚自己的情绪在一天工作的各个时段中有何变化，这些情绪对我们的效率有何影响。大多数人都发现，当自己心情愉快的时候，往往就是绩效最高的时候。我们可能会惊奇地发现，一旦自己不在这种状态，我们的绩效就不理想，或无法有效地领导下属。

不幸的是，如果不定时休息，我们在生理上就无法长时间保持积极乐观的情绪。当面对严酷的要求和意外的挑战时，我们就容易情绪低落，常常在一日内数度产生"战斗还是逃避"的想法，而且动不动就会发脾气、不耐烦，整天忧心忡忡，没有安全感。这种思想状态会耗尽人的能量，在人际交往中制造摩擦。这种"战斗还是逃避"的情绪还让人无法进行清醒和理性的内省。不过，一旦高管们明白哪些类型的事件会引发他们的消极情绪，他们就会更好地控制自己的反应。

有一个简单而有效的习惯可以驱散消极情绪，我们称之为"买时间"。做深呼吸就可以达到这一目的。慢慢地呼气，持续 5 到 6 秒，你会感到身心有所放松和恢复，"战斗还是逃避"的反应也消失无踪。

最后，我们可以学着换一种方式来讲述自己生活中发生的事件，以此来培养积极的情绪。通常，身处冲突旋涡中的人会把自己看成是受害者，遇到难题就怨天尤人。但是，在某种特定情形下发生的事实是一回事，我们如何解读这些事实又是另外一回事，认识到这两者之间的差异是非常重要的。许多与我们合作的人都惊奇地发现，自己可以选择不同的角度来看待某个特定的事件，而叙述这一事件的方式也会对自己的情绪产生重大影响。我们教他们不论在哪种情形下都叙述那些最令人振奋、最能给人鼓劲的故事，当然前提是不否认或粉饰现实。如果想换个方式讲故事，最有效的方法是通过三种新的"透镜"来看待这种情形，而不是以受害者的眼光去看世界。例如，透过反向透镜看一看，他们就会自问："冲突中的另一方会怎么说？在怎样的情况下他会这样说？"透过长焦透镜看，他们会问："半年后，我将会如何看待这一情况？"透过广角透镜看，他们会问自己："且不论这个问题结果如何，我能从中学到些什么？会取得怎样的进步？"每一个透镜都能帮助我们有意识地培养更为积极的情绪。

集中思想可以加强能量

　　许多高管认为，如果有一大堆任务摆在面前，就必须同时着手处理，但实际上，这种做法会降低工作效率。一心多用的代价是高昂的，将注意力从一项任务暂时转移到另一项——例如放下手头的工作去回复电子邮件或打电话——会延长完成主要任务所需的时间，最多会延长 25%，这种现象就是所谓的"切换时间"。如果你能在 90 到 120 分钟内集中全部精力去做一件事，然后好好地休息一下，接着再全力投入下一项活动，那么你的效率就会高得多。我们将这类工作时段安排称为"亚昼夜节律的冲刺"（ultradian sprints）。

　　如果你发现自己难以做到专心致志，那么你可以通过制定习惯来减少科技给生活带来的无情干扰。在我们的能量管理项目中，我们首先为高管们安排了一项练习，迫使他们直面分心所造成的影响。我们让他们在不时被打断的情况下完成一项复杂的任务，结果他们说，这种体验和他们的日常经历差不多。

　　调动思想能量的另一种方法是系统地专注于能够带来最长远优势的

活动。人们对于极具挑战性的工作，往往不是干脆避而远之，就是到了最后关头才匆忙上阵，除非事先特意为它安排好时间。与我们合作的高管制定了多种习惯来帮助自己集中能量，其中最有效的一种习惯是每天晚上确定出第二天最重要的挑战，把它作为次日早晨上班后的首要任务。

精神追求可以激发能量

当人们的日常工作和活动与他们最为珍视的、能够赋予他们意义感和目的感的东西相一致时，他们的精神能量就会发挥作用。如果他们正在做的工作对他们真的很重要，他们通常就会感到精力充沛、注意力集中，并能够持之以恒地坚持下去。遗憾的是，高要求、快节奏的职场生活让人们很少有时间去关注这些问题，许多人甚至没意识到，生活意义和目的的追求也是能量的潜在源泉。不过，如果我们在推行能量管理计划时，一上来就关注到精神层面，它所起的效果可能会微乎其微；只有当参与者在其他几个层面上形成了习惯，并尝到了其中的甜头之后，他们才会明白关注自己更深层次的需求将对工作效率和满意度产生显著的影响。

为了从精神中获取能量，人们需要理清优先事项，并以此为准在三个方面制定习惯：1. 做自己最擅长和最喜欢的工作；2. 有意识地为生活中最重要的领域分配时间和精力，认真工作，关心家庭、健康和他人；3. 还要在日常行为中奉行自己的核心价值观。在发掘自己最拿手和最喜欢做的事情时，你要意识到这两者并不一定是彼此重合的。做你非常擅长的工作时，你可能会得到许多好评，但你却无法从中获得真正的享受。反过来，有些事情是你特别想做的，但你也许并没那方面的天分，你若想在这些事上获得成功，就得付出远远超于常人的能量。

为了帮助参与我们项目的人发掘自己的强项，我们要求他们回顾过去几个月中的工作经历，至少找出两个让他们觉得多产高效、愿意全身心投入、充满灵感和成就感的"得意之处"。然后，我们让他们对这些经历进行解析，具体找出是哪些因素给予他们如此的激励，他们在从事这些工作时又发挥了哪些才能。比如说，如果他们觉得自己的领导策略是一个得意之处，那么担任某个创新项目的负责人是否会是一件让他们感到最有劲儿并且最想参与的事？或者，他们在此过程中运用的技能是否得心应手？最后，我们让他们制定一种习惯，以鼓励他们在工作中多去做那些他们自己既喜欢又擅长的事。参加项目的一位高级领导人意识到，他最不喜欢做的一件事就是阅读和总结那些巨细靡遗的销售报告，他最喜欢做的一件事是通过头脑风暴讨论会来制定新战略。于是，该领导人找到一位醉心于和数字打交道的直接下属，把整理销售报告的任务交给他，然后每天听他做一次简短的口述摘要。同时，他每隔一星期安排一次 90 分钟的战略会议，与自己团队中最富创造力的成员们展开不拘一格的讨论。

第二个方面的习惯是把时间和精力投入到对你至关重要的事项中。在这点上，人们再次表现出矛盾性——口头上说的是一回事，实际上做的又是另外一回事。制定习惯有助于消除这种矛盾。

第三个方面的习惯是在日常行为中奉行自己的核心价值观，这对于许多人来说是个挑战。大多数人每天奔波忙碌、行色匆匆，很少能静下心来问问自己：我们的立场是什么？我们想成为什么样的人？结果是，我们总是听任外界的要求来支配自己的行动。

我并不建议人们给自己的价值观下个明确的定义，因为大家所下的定义基本都是俗套。我们都是用一些方法来探查他们的价值观，其中包括问一些让他们毫无准备随口就给出心底答案的问题，例如我会问他们："你对他人的哪些品质感到最为不满？"人们在描述这些他们无法容忍的行为时，往往无意中就流露出自己的立场。

例如，如果你非常厌恶刻薄吝啬的行为，那么慷慨大度或许就是你的主要价值观之一；如果他人的粗鲁无礼对你伤害至深，那么替他人着想大概就是你极为珍重的价值观。正像在其他两方面所做的一样，制定习惯有助于缩小你所向往的价值观和你所作所为之间的差距。比如，如果你发现替他人着想是值得褒扬的，而你自己开会却总是迟到，那么你就可以制定这样一条习惯——比平常提早 5 分钟结束你主持的会议，然后有意识地在下一个会议开始前 5 分钟到场。只要在这三个方面形成良好习惯，人们在职场内外的生活中就更加能体会到有序、满足和幸福的感觉。这些感觉本身就是获得充沛能量的源泉，并且能推动人们持之以恒地遵循在其他能量层面上制定的习惯。

如今的组织和员工之间似乎都有个隐性合约（implicit contract），双方都想方设法以更快的速度从对方那里攫取更多，然后自顾自地往前走。我们认为，这是一种损人不利己的行为。员工整天被工作缠得脱不开身，越来越疲惫；组织也不得不无奈地接受员工工作积极性降低的现状，而且还得不停地聘用和培训新人来填补离职员工的空缺。最终，个人和组织两败俱伤，谁也捞不到什么好处。展望未来，我们希望能出现一种对各方都有利的新型显性合约（explicit contract）——组织对员工生活的各个层面都进行投资，帮助他们创立并保持自己的价值。反过来，个人则调动自己全方位的能量，一心一意地投入到每天的工作中。这样，组织和个人双方的价值才都会提升。

（本文摘编自《管理能量，而非时间》，来源：哈佛商业评论，2008）

从"紧急"到"重要"的蜕变

1996 年因受华为公司邀请参加《华为基本法》的起草，第一次见到任正非总裁。交谈之中，任总的一句话给我留下了难忘的印象："重要的事情不着急，着急的事情不重要。"从那以后，在企业咨询中，经历过大大小小的事情，心里一直在细细体味这句话的含义。越体味越觉得这是一句总揽企业全局和决定总裁优先日程的座右铭。甚至后来读了史蒂芬·R. 柯维的畅销书《高效能人士的 7 个习惯》（Stephen R. Covey: *The 7 Habits of Highly Effective People*），感觉都没有这两句话透彻。

区分重要的事和紧急的事，尽量从紧急的事情中摆脱出来，把主要精力放在思考和处理重要的事情上，这是管理好一个企业的关键。那么，对企业家或经理人来说，什么是最重要的事情呢？据我对华为公司任总的观察，他最关注的是三件事：方向、节奏和用人。

方向是解决企业向何处去，以及企业应当成为什么企业的问题。正如德鲁克所言，方向问题的思考逻辑是回答三个问题：我们的企业是个什么企业？我们的企业将是个什么企业？我们的企业应当是个什么企业？特别是对技术和市场快速变化的产业，往往战略一经制定出来就已经过时了，在这样的产业中经营，更重要的是方向感。那么，怎么判断企业的方向出了问题呢？一个重要的标志就是企业的发展陷于被动。当一个企业是被市场大势推着走，或是被竞争对手牵着走时，就要重新思考和调整战略方向了。比如，中国手机企业曾一度被跨国公司的"防火墙"策略压迫在低档和微利的领域，发挥不出自己的低成本制造优势和渠道优势，结果迫使中国手机企业一些有胆识的企业家寻求新的方向，终于从款式创新上杀出了一条生路，形成了群体突破。由此我们可以看到，方向问题的实质，是如何掌握市场竞争的主动权，是如何夺取市场的领导地位。战略理论中所讨论的核心能力也好，差异化优势也好，都是实现这一根本目的的手段和途径。

节奏是决定企业的优先次序，是决定先干什么，后干什么；节奏是力度，是决定战线铺多宽，资源配置到什么程度；节奏是均衡，是协调企业各方面力量的均衡感，是从打破旧的均衡到实现新的均衡的过程。企业经营犹如演奏交响乐，企业家或经理人就是乐队的指挥，对指挥来说关键是控制节奏和各部分的力度。像企业组织改革酝酿和推进的速度，多元化战略拓展的时机和范围，对重大市场机会的准备和投入力度等，都是影响企业全局的节奏问题。当企业家感到力不从心，资源捉襟见肘，现金紧缺，投入产出效率大幅下降时，就是企业经营节奏严重失衡的征兆。这时要有意识地放慢扩张速度，进行收缩和调整。节奏失衡是企业竞争陷于被动的重要原因。

用人的重要性怎么强调都不过分。毛泽东同志曾经讲过，领导者的工作无非是两件事：出主意，用干部。用人的难处何在？难在择人。择人的难处何在？难在无人可择，优秀人才都用尽了，不得不退而求其次。当一个企业的事业组合大面积陷入困境时，一定是职业经理人的梯队出现了严重的青黄不接。因此，培养接班人，包括各个重要岗位的接班人，就成为经营企业的重中之重。

上述三件事情，每一件都关系到企业发展的全局。要处理好这三件事，关键在于不着急。重要决策失误的损失是无法弥补的，所以只有不着急才能来来回回想清楚，一次把事情做好。

比如企业的新产品开发，为什么有那么多新产品在商业上不成功？为什么上市时机一再延误？为什么开发过程中有那么多返工、修改需求、工程更改？一个重要原因就是我们在定义客户需求和定义产品规格时过于急躁。现在许多企业都在推行 IPD（集成产品开发），但凡推行 IPD 的企业无不听到研发人员抱怨走 IPD 流程太慢，其实这是没有领会 IPD 的精髓。那么什么是 IPD 的精髓呢？就是从关注紧急的事到关注重要的事。什么是重要的事呢？就是识别顾客的真正需求，并把它转化为产品的规格。做重要的事一定不能着急，这就是 IPD 为什么在概念阶段和计划阶段设置了许多模板、流程推进得很慢的道理。西方公司的咨询顾问说得好，中国人有的是时间返工，却没有时间一次把事情做对。可见我们是颠倒了重要和紧急的关系。

那么是什么原因使我们总是把重要的事当作紧急的事来对待，总是摆脱不了紧急的事情的困扰呢？中国企业面临的生存压力太大是一个客观原因，但更主要的还是战略和指导思想上的原因。

首先，战线太长，涉足的领域过宽是主要原因，它分散了企业家或经理人的时间和精力。我们发现，往往是新领域的一些次要的项目，由于没有合适的总经理人选，或是没有足够的资源，使得这些新项目长期亏损，拖累了企业的盈利和现金流，故而经常排在企业家或经理人的优先日程上，使得他们总是在救火。这里有一个重要的教训，企业多元化或战线太长的弊端，主要还不在于分散了财政资源，而是分散了企业家或经理人的时间和精力，使之不能集中精力在重要的事情上。

其次，过于重视短期的利润和机会，在战略领域决心不大、投入不足也是一个重要原因。因为投入不足导致核心竞争力不强，结果总是摆脱不了低层次的混战。"人无远虑，必有近忧。"建一个三峡大坝要二十年，投资两千亿元，但可解百年水患之虞。否则年年都要抗洪、年年都要劳民伤财、年年都寝食不安。你能说抗洪不重要吗？还有比人命关天的事更紧急的吗？所以真正重要的事只能让位于紧急的事。企业也是一样。华为技术有限公司总裁任正非有一篇在 IT 界广为流传的文章，题目是《华为的冬天》，发表于 2001 年初。当时 IT 的冬天还未成为事实。任总在文章中提出华为要准备过冬的棉袄，许多人不解其意，以为不过是多留点现金，其实华为是要在引进 IT 支撑的世界级先进管理体系和拓展海外市场上加大投入。今天来看，这两项战略投入成为华为借助冬天从容改变竞争格局的利器。

再次，就是急于求成。企业成功了，做大了，必然会提出更加雄心勃勃的计划。企业家大都胸怀远大目标，成功的企业在最初都有与其规模不相称的雄心壮志，这是成功的企业之所以成功的内在原因。但有些企业急于提出在某某年进入世界多少强，这下可好，一个重要的事一下变成了紧急的事，而且，企业所有的事都会因此变得紧急起来。其实大可不必如此。历史地看，一国企业的发展水平很难大大超越该国社会的发展水平；一国企业在世界市场上的地位很难大大超越该国在世界政治舞台上的地位。中国企业的产品为什么在国外卖不出高价？许多人认为是我们的品牌不行，而我们的品牌为什么不行？怎么使我们的品牌得到广泛的承认？其实，中国企业的品牌的海外接受度很难大大超越我国的制度和文明被其他国家人民接受的程度。人们消费你的产品，是认同你的文明，人们追求你的品牌，是崇尚你的文化和生活方式。如果企业建立起这样的历史观点，就不会急于求成了。所以，急于做大的企业要换个思路，比如以赶超产业中某个世界先进企业为目标。这样就会促使企业家和经理人关注重要的事情。

　　TCL 集团总裁李东生提出过一个宏伟目标：到 2010 年集团销售收入达到 1500 亿元人民币，进入世界 500 强。这一宏伟的规模目标将 TCL 高层的注意力引向了多元化和规模扩张。几年下来，虽然规模扩张很快，但竞争力并无明显提升，不要说与跨国公司竞争，就是与国内竞争对手之间也拉不开差距，始终不能掌握市场竞争的主动权。从 2004 年开始，李东生提出"龙虎计划"，把关注的焦点从规模转向核心能力，从世界 500 强排名转向竞争对手中的标杆企业，从多元化转向向优势领域集中。我们可喜地看到，这是指导思想从关注紧急的事向关注重要的事的战略性转变。

　　紧急的事在企业里有大有小，从赶制重要客户的订单到应对竞争对手降价，从处理重要顾客投诉到与提出离职的关键人员谈话，几乎天天都会碰到，不知什么时候就会从哪里冒出来。紧急的事当然要及时处理，但它们不应成为企业家的关注点。企业家或经理人的时间和精力是企业最稀缺的资源，企业将是个什么企业和应当是个什么企业，取决于企业家或经理人关注什么事情。

（本文摘编自《从关注紧急的事到关注重要的事》，作者：黄卫伟，
来源：企业管理，2003）

第 **4** 章

计划管理：
凡事都要善始善终

HUAWEI

CHAPTER 4

　　我们每天都要不断地计划、执行、检查、修正，从一
个循环进入下一个循环，循环往复，不断实现自己的计划
与目标，不断总结经验与教训，不断累积自己的成功与优
势，不断超越旧我。

» 第一节 找到正确的事

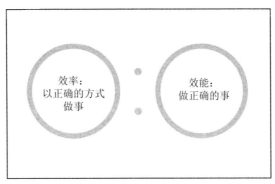

图 4.1 效率和效能

"效率是'以正确的方式做事'，而效能则是'做正确的事'（见图4.1）。效率和效能不应偏废，但这并不意味着效率和效能具有同样的重要性。我们当然希望同时提高效率和效能，但在效率与效能无法兼得时，我们首先应着眼于效能，然后再设法提高效率。"德鲁克如是说。

德鲁克提出了两组并列的概念：效率和效能，正确做事和做正确的事。在现实生活中，无论是企业的商业行为，还是个人的工作方法，人们关注的重点往往都在于前者：效率和正确做事。但实际上，第一重要的却是效能而非效率，是做正确的事而非正确做事。正如德鲁克所说："不可缺少的是效能，而非效率。"

"正确地做事"强调的是效率，其结果是让我们更快地朝目标迈进；"做正确的事"强调的则是效能，其结果是确保我们的工作是在坚实地朝着自己的目标迈进。换句话说，效率重视的是做一件工作的最好方法，效能则重视时间的最佳利用——这包括做或是不做某一项工作。

华为人卓越工作方法的最大秘诀就是，每一个华为人在开始工作前必须先确保自己是在"做正确的事"。

"正确地做事"与"做正确的事"有着本质的区别。"正确地做事"是以"做正确的事"为前提的，如果没有这样的前提，"正确地做事"将变得毫无意义。首先要做正确的事，然后才存在正确地做事。试想，在一个工业企业里，员工在生产线上，按照要求生产产品，其质量、操作行为都达到了标准，他是在正确地做事。但是如果这个产品根本就没有买主，没有用户，这就不是在做正确的事。这时无论他做事的方式方法多么正确，其结果都是徒劳无益的。

正确地做事，更要做正确的事，这不仅仅是一个重要的工作方法，更是一种很重要的管理思想。任何时候，对于任何人或者组织而言，"做正确的事"都要远比"正确地做事"重要。

对企业而言，倡导"正确做事"的工作方法和培养"正确做事"的人与倡导"做正确的事"的工作方法和培养"做正确的事"的人，其产生的效果是截然不同的。前者是保守的、被动接受的，而后者是进取创新的、主动的。[1]

一位华为人有着这样的感触：

> 以前做工程，我们发现西方友商都会用一两周或更长时间仔仔细细做工勘、数据，开始看没有进展，但后面安装只用两三天就完成；而我们是上来就猛干，后来发现工勘、数据不足或有误，然后重新再来一遍，后面的安装至少要用十天、二十天，效率孰高孰低不言而喻。磨刀不误砍柴工，效率提升要从聚焦一点一线转变为具有全景图，从局部某点上看好像效

---

① 艾森·拉塞尔.麦肯锡方法 [M].张薇薇，译.北京：机械工业出版社，2010.

率降低了，但整体上看是效率提升了，这是非常重要的一点。不能头痛医头，脚痛医脚。

　　事实证明从源头上提高效率，保证"做正确的事"，对提升效率的促进作用最明显。

保持目标正确，是指要避免走弯路。华为人还有这样一个例子：

　　2008 年至 2010 年是铜线领域的冬天，连某些技术专家都认为"做铜线既没前途也没'钱途'"，彼时盛行"光进铜退"，华为的铜线技术研究在压力中坚守并前行。

　　有一次，龙博士坐飞机回美国，邻座恰好是一位美国通信厂商，一交谈，发现对方这次到中国是为了"挖铜"。原来有些地方已开始将铜线拆掉卖钱，准备安装光缆来取代。龙博士面色凝重，似乎感到一丝寒意，但他相信：铜线的冬天还没有到来。

　　2010 年 5 月，吉隆坡亚洲宽带论坛。龙博士在这次论坛上提出："'光进铜退'是大方向，但'进退'速度远比预期慢，铜线的冬天至少延期 10 年，未来的主旋律将是'光铜结合'。"

　　他是正确的。许多国家，特别是欧洲发达国家的基础设施还是铜线。如果要改造成光缆，改造设备成本巨大，光纤进户工程费用高，拜访每家每户让户主同意改造都是大问题。因此，将旧建筑的铜线提速，新建筑接入光纤，"光铜结合"的方式才是最经济的。

　　当业界一些专家还在犹豫彷徨的时候，龙博士和团队成员坚守在铜线领域，潜心研究。2010 年 9 月，公司首次发布 Super MIMO 样机，在四对线上实现 700Mbps 速率，此次发布在业界产生轰动，大大提升了华为的技术品牌及运营商在铜线利旧上的信心。至此，华为的铜线技术在业界已站稳脚跟。

回想这段时光，龙博士说："关键要找到正确的方向，坚持下去。如果我们当时犹豫、放弃，现在后果不堪设想。"他带领团队扎根铜线，勇于创新，顺势而上，成为每个阶段的领航人。

» 第二节 让计划明确的 "5W1H"

清醒的目标方向包含两个方面的意思，即目标清晰和目标正确。找到正确的事之后，我们就需要列计划，让计划变得清晰、明确。

你花 1 分钟制订计划，将为你省下 10 分钟执行时间。当你事先做好计划，而不是单纯地执行时，你会更加专注，并且更容易把你的时间和精力安排到特定的工作上去，这会让你变得更加高效。

大量的时间浪费来源于工作缺乏计划，比如：没有考虑工作的可并行性，结果使并行的工作以串行的形式进行；没有考虑工作的后续性，结果工作做了一半，就发现有外部因素限制只能搁置；没有考虑对工作方法的选择，结果长期用低效率高耗时的方法工作。

在华为发展的早期，华为人的做事方式并不像现在这样有很强的计划性。一位华为人这样写道：

在海外我们面临的第二个冲击，更准确地说是收获，那就是工作方法的全面调整。可能是长期以来形成的工作习惯所使，我们总是习惯在接收任务后，初步设想了一个思路和框架，就不管三七二十一，立即动手。然后就发现该到开发阶段了，软件还没有购买；该测试了，设备还少条电缆；各个模块设计编码完毕，因为参数变化怎么也联不上，要返工；工作计划无法跟踪，因为时间点没有明确定义等等。然后就是发动一切能量，连拉带踹，整合资源，不断调整。然后又发现新的问题……

曾经有一个非常腼腆的印度籍经理小心翼翼地对我说，他非常佩服我们员工的执着和干劲，但是建议我们能不能在 Work hard（努力地工作）的同时，注意 Work smart（聪敏地工作）。他建议我们首先 Do the right things（做正确的事），然后 Do the things right（把事情做对），这样我们才能 Do the things better（把事情做得更好）。很浅显的道理，但我们平时是不是这样做的呢？我们不禁感到羞愧。这同我们领导说的"我们总是有时间一遍遍地做，却没有时间一次做好"何其相似！

印度的项目经理一般在项目准备阶段工作做得非常细，什么需求确认，项目预测，项目开发，项目培训计划，项目质量监督计划，项目必要资源（人力、软件和设备）供应计划，风险控制计划，项目流程定义等等，开始总是让我们感到诧异和不敢苟同，觉得他们又慢又傻，总在耽误进度，心中火烧火燎的。但是一旦项目开发，你会发现在你需要资源时，资源就在手边了，当你不注意时，项目风险控制官就会不断提醒你哪些风险还没有关闭，度量数据官告诉你，"嗨，老兄，我们这个阶段的缺陷数据太高了，按照瑞利曲线预测，最后交付时，质量不达标"！

这种每天在你身边发生的事逼得你只有一条路：在做事前先好好想想该怎么做！我想这不光是一个做法上的不同，更是对思维方式和习惯的冲击。

海外的研发管理生活也会给你一个教训：工作要严谨。我们在流程中很习惯这种表述：××部门提出，经××部门审核后，提交给××部门批准。当我们提交这样的流程草稿给质量部时，质量部人员飞一样地跑来，满脸糊涂地问："××部门？到时按流程要审核，到底找谁？到底谁合适来审核？如何保证审核的合法性？"结果是，我们让每个流程动作在各个相应部门的某个职位上落了地他才满意地离开，不过还是不能理解为什么我们将这样的流程就这样给他了？

这给我们的教训就是我们的流程必须在某个角色或职位上落地，流程才真正可执行！

在我们执行计划时，也强烈地感受到有效沟通的威力。这是在印度生活和工作的第四个感受。CMM之父汉默曾经在他著名的软件人员管理书中做了一个有趣的推理。任何一个人卓有成效的工作业绩必定来自他对该工作全身心的投入，这种投入足以克服其他任何外界困难的干扰；对工作全身心投入必定来自他的信念，他必须相信他所做的事；而要相信他要做的事，首先他必须非常清楚地知道为什么要这么做，如何做；而这些必须靠有效的沟通来完成！让我们倒过来重新走一遍推理，就明白了沟通的重要性了。看看自己身边的例子，难道不是这样的吗？

华为公司在管理工作中极其重视工作目标的明确性，他们的管理者深知：只有心中对目标有数，才能保证工作的顺利开展，才能保证对时间的整体把握和全程控制。任正非自称："我没有思考什么远大的理想，我正在思考的不过是未来两年我要做什么，怎么做⋯⋯"两三年的目标看起来不甚远大，而一旦考虑清楚了"怎么做"，就会使这个目标变得明确化。通过这个明确的目标，行为者将选取一条最短、最便捷的路径，因而效率也是最高的。

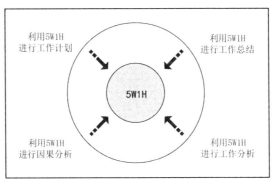

图 4.2　5W1H 分析法

5W1H 即 5 个 W 和 1 个 H 开头的英文单词，分别是 what，when，where，who，why 以及 how，对于每项工作，基本上都会有这几个因素在里面。那么，利用 5W1H 的思维方法就可以让我们充分了解我们的工作，并且有助于我们分解目标，从而达到我们的工作目标（见图 4.2）。

第一，利用 5W1H 进行工作计划。在我们日常工作中，经常要做工作计划，古语说"凡事预则立，不预则废"。那么工作计划怎么去做？利用 5W1H，可以很方便。首先，确认你的工作有哪些项目，即 what，这就是你的工作计划的内容；然后，你计划什么时间完成或在什么时间段完成，即 when；其次，你的项目由谁实施或需要哪些人协助实施，即 who；再次，你的项目将在哪儿完成，即 where；最后，你的项目有什么意义，为何要做，即 why；那么，我们就可以选择如何去进行你的项目了，即 how。通过 5W1H 的计划分解，你是不是可以很清楚地看到如何进行你的工作了，而且每项内容都可以找到对应的入手方式了。

第二，利用 5W1H 进行工作总结。工作总结和工作计划是相对的，你也可以利用相同的方法去进行工作总结，这样我们可以清楚看到哪一项工作没有完成，没有完成的原因也可以一清二楚。此外，我们还可以及时进行方案调整，消除潜在的问题，使我们的工作完成得更好。所以，你在利用 5W1H 做工作计划时，顺便把工作总结也列出来，最后以月份为单位，让两者连贯起来，效果更好。

第三，利用 5W1H 进行工作分析。利用 5W1H，可以让我们更快地梳理工作，分析一个工作都有哪些要素，需要什么样的技能。

第四，利用 5W1H 进行因果分析。工作能不能完成，能不能完成好，都是有原因的，也能很容易看到完不成的后果。利用 5W1H，我们可以分析事项的因果要素，找出问题点，还可以总结出成功的地方，从而使我们的工作更容易开展。

» 第三节　正确地做事

正确地做事是一个人和一个组织执行力的体现。

佩恩中心（Penn Central）在 1968 年兼并了宾西法尼亚铁路中心和纽约铁路中心后，曾一度是美国最大的铁路公司。在 1969 年它还赢利颇丰，当年它的股票价格是每股 86 美元。但是这家铁路公司在 1970 年却破产了，此后它的股票价格暴跌到每股不到 1 美元。

事后有人在分析这个灾难性的结果时发现，该公司从未对公司的兼并业务做过周密的行动计划，也从来没有真正意义上的合并。同时，这家公司还拟订了一个战略，即把它有限的资金投入多种经营，包括不动产、娱乐公园、运动队、旅馆、煤田以及冶炼厂等，而它的铁路经营质量却一落千丈。

要实现自己的目标，必须使自己的各项活动都能得到有效的控制。计划和控制是一个事物的两个方面，计划是控制的基础，控制是计划得以有效贯彻的保证。企业控制的各项标准都来自计划。如果没有既定的目标和规划作为衡量尺度，员工就无法确保企业的各项活动都处于受控状态。

目标只是一个未来景象，有了明确、具体的目标，没有明确详细的计划去实施、执行，目标也难以实现。一个成功的人肯定是一个很会计划的人，尤其是对重复频率低的非经常性业务（非经常性业务的典型例子有研究、开发、设计、规划、调查等个性较强的项目型业务），基本上是根据 PDCA 这个工作循环来进行的。

PDCA 是英语单词 Plan（计划），Do（执行），Check（检查）和

Action（处理）的第一个字母，代表了做事的四个阶段（见图 4.3）。PDCA 循环就是按照这样的顺序进行管理，并且循环不止地进行下去的科学程序。

第一，决定你所要追求的是什么；

第二，拿出行动来；

第三，观察一下哪个行动管用；

第四，如果行动方向有偏则修正之，以能达到目标为准。

图 4.3　PDCA 循环

一、今日计划——P，计划立法系统，你所要追求的是什么？

WHAT（做什么——目的）

WHY（为什么要做——理由）

WHEN（什么时候做最好——时机）

WHERE（从哪做起）

WHO（由谁来做）

HOW（怎样做——方法）

这也就是我们上一节所提到的让计划明确的"5W1H"方法。

二、行动，执行力——D，拿出行动做完它。

三、今日结果——C，观察一下哪个行动管用。

四、问题及改善方法——A，如果行动方向有偏则修正之，以能达到目标为准。

发现问题、分析问题、解决问题。第四个阶段是 PDCA 循环的关键。因为处理阶段就是解决问题、总结经验和吸取教训的阶段。该阶段的重点又在于修订。

PDCA 循环，可以使我们的思想方法和工作步骤更加条理化、系统化、图像化和科学化。

华为人有着这样的记述：

"小改进，大奖励"。好高骛远只会让人失败，让人"希望越大，失望越大"。我们追求的应当是持续不断的、孜孜不倦的、一点一滴的改进，以促进管理的不断改良。主题明确以后，如何解决问题成为我们 QCC 活动的关键。通过培训、学习，我们基本掌握了一整套解决问题的方法：第一，利用查检表、统计表、柏拉图找出问题的关键部分；第二，运用脑力激荡法、特性要因图找出导致问题发生的主要原因；第三，分别对每个要因采取对策并制定相应的实施计划；第四，分工合作实施对策；第五，运用推移图等方法检查对策实施效果；第六，以标准化等方法对每项对策进行巩固。我想，这些方法实际上就是我们经常挂在嘴边的 PDCA 循环了。

—— 链 接 ——

鱼和熊掌可以兼得

在企业经营管理中，我们不可避免地会遇到速度与质量，先进与稳定，质量与数量等诸多两难问题。面对矛盾冲突，我们又往往不假思索地认为：鱼和熊掌是不可兼得的。比如为了速度只有"暂时"委屈质量。当真如此吗？这里通过对速度／质量这对矛盾冲突的剖析，来探讨如何运用管理艺术使矛盾从冲突走向和谐。

一、只有系统地分析，才能发现问题的根源

一直以来，我们总是强调"时间不够"，产品决策会议上，总是有很多紧急的事情需要特殊处理，于是流程、质量、长期建设等，统统靠边。我们并不否认确实存在紧急情况。但如果长期地、大范围地存在"紧急"情况，就可能是我们管理上存在问题。其实通过分析企业对机会窗的响应过程，我们就会明白，是谁偷走了我们的时间。

从这个模型中可以看出，我们之所以常面临实施过程时间过短的压力，是因为我们在认知过程、决策过程上赔误了过多的战机。

在认知过程中，我们常会犯"骄傲的兔子"式错误——睡着了，对变化的世界，或因为习惯、评价牵引等原因而不重视前瞻，或整日为紧急事务纠缠，没有投入足够精力去和客户一同分析、引导未来。结果对市场新需求没有感觉或认知很晚，在认知阶段就损失了大把时间；在决策过程中，我们还会犯"醒得早，起得晚"的错误，很早就预见到客户需求，但不敢做"痛苦"的决策。由于迟疑，决策时间又消耗掉了。等到下定决心，PDT（产品开发团队）经理接到项目任务书时，已到了"富于挑战性"的紧迫时刻，供实施的时间所剩无几（这里并不否认少数不可避免的突发情况）。

比如本来按照业内的最高效率，某产品从立项到市场发布至少要六个月，但我们能给 PDT 项目组的实际时间只有三个月。"机不可失，时不再来"，PDT 经理只得带领全组成员，匆忙上阵作最后的冲刺。他们心急如焚，来不及做系统的科学分析，来不及听取各技术专家的意见，就定下实施方案。结果欲速则不达，在实施过程中又难免翻来覆去地修改，于是加班加点，不走流程、不按规范等种种手忙脚乱的现象时有发生。更有甚者，由于匆忙，产品各方技术，客户各种需求没有时间很好整合，产品就很难达到"整体最佳"的状态，也难免留下某些缺陷。

形成的恶性循环将是：一个有缺陷的产品一旦推向市场，就会耗费大量的时间去救火，去频繁升级版本，从而浪费我们未来的时间。未来的时间含金量更大！如果背负着沉重的过去，必然在新一轮未来中落后，又孕育出新一轮的"紧急"。

二、落实一个组织实体，系统地、前瞻性地把握市场需求，适时决策，是在前端赢得时间的根本保障

近年来，有关把握市场需求的新观念层出不穷：发现利润区，创造新增长点，领先响应客户需求等等，对此，企业人几乎如数家珍。然而，贵在行动！管理的成功不在于逻辑，而在于有保障地落实。

要赢得认知时间和决策时间，最关键的是要有一个组织实体做保证。所谓实体，就是这个组织要为"在合理的时间让员工做正确的事"

这一重要目标负责。这个实体的工作是常规的，而非想起来做一下，忙起来放一下的"弹性"工作。这个团队的工作方式要制度化、程序化和规范化。这个团队应有两个层面，一层是决策支持层，另一层是决策层（拍板层）。

决策支持层的主要任务是通过科学方法，建立信息收集系统，及时、准确地收集相关信息，整理加工信息，系统分析信息，使信息真正成为可供决策层决策的资讯，并提供多种决策方案，供决策层决策时参考。这样对决策层才能起到辅助、支持和促进作用。所以这批人必须既懂总体技术，又有敏锐的市场感觉和丰富的市场经验；必须集中公司内这方面的强人，形成一支精干的队伍。

对决策层而言，必须明确，任何决策支持层的工作，都不能代替决策层对决策应负的责任。因为他们高瞻远瞩，统观全局的角色是决策支持层无法扮演的。决策层应有自己第一手的资讯，他们通过与供应链各合作伙伴、竞争伙伴、社会各重要高层接触，所得到的第一手资讯往往更重要。拍板只能由决策层负责。任何个人对问题的看法，难免偏颇，因此决策层应是一个极富战斗力的团队，它通过良好的沟通、系统的思考做出的决策正确性更大。要点有：

程序化：建立成熟的运作流程和模板体系；

民主化：发挥集体智慧的威力，充分利用决策团队中的个体差异，激活创造性思维，使方案得到立体的审视，使得决策方案更符合公司的目标；

科学化：IT 系统支持数据信息；系统思维方法的运用。

总之，赢得时间最重要的是高瞻远瞩，它保证我们做正确的事。前瞻性地把握市场需求，适时决策，是赢得时间的第一步，也是关键的一步。

三、用正确的方法去做正确的事，赢得实施时间

缩短实施过程时间，需要依靠一系列先进的理念和成熟的方法论，包括公司在实践过程中的单元技术开发管理、知识集成应用、信息高频应用、并行工程等。

单元技术——目前任何一个满足客户的产品，都是集各种科学技术之大成，如果我们每推出一个新的产品，所有涉及的单元技术都得从零开始，那么无论如何都是不能领先的。如果所涉及的核心技术都未经过实践的长期考验，产品的稳定性就很难把握。因此为了提高响应速度，公司必须有自己的单元核心技术数据库，必须有掌握各种单元技术的一流技术专家。

集成应用——每位员工都应该提高知识集成应用的能力。要认识到"知道谁在某领域懂得最多"的知识，比自己拥有某方面的知识更重要。这是一种不断获得新知识的能力。知识集成应用的能力是知识经济时代企业新的核心竞争力，是企业一种极重要的创新能力。拥有知识不等于拥有财富，如果我们不能以自己已拥有的知识去集成人类的知识为社会创造新的财富，我们就只能是孤芳自赏，自我陶醉，社会不会给我们财富。

我们还要认识到在人类的知识库中，已被文字、图表等方式表达出来的外显知识，只是人类知识的冰山一角。人类尚有更多的知识存在于人的潜意识中，处于可以意会，不能言传的状态（被称为内隐知识）。内隐知识要通过人与人之间的合作共事，深入沟通，反复切磋，通过隐喻、概括、形象描述等方式才能促使它外化，然后达到共享的目的。这是人类知识创造的一种过程。人类全部历史离不开知识的继承与创新。离开继承人类没有今天，离开创新人类没有明天。我们要从知识的继承与创新这一新的角度认识时间——"人类时间"。我们要用"人类时间"

观去赢得速度，赢得竞争优势。

华为人的"不犯重复的错误""不做重复的发明"的企业文化，说明华为人对"人类时间"观早有觉醒。几年来华为管理变革中特别注重资料库的建设工作。ITMT（集成技术管理团队）、TDT（技术开发团队）已经开始运作，都表明华为人已把"人类时间"观落实到行动上，"人类时间"观已变成了我们"使用的真理"。

高频应用——在这里特别强调如何提高数据资料的重复利用率问题。众所周知，华为的数据资料是华为的无形资产。然而，数据资料不加以整理就不能成为信息，信息不加以分析就不能成为知识，而知识不用智慧去应用就不能变成有形资产。因此，无形资产的价值，取决于数据资料整理分析及有效传播，重复使用的状况。这一点却不被人们所重视。一个企业的信息、资讯被重复利用的次数与企业的创造能力之间的关系是一种指数关系，即：

产品创造能力 =（企业资讯、信息被重复利用）^{n}

其中 n= 利用的次数

从这一角度去重新理解数据资料部门的角色非常重要。从上述分析，我们期待数据资料部门是企业资讯信息的传播者、推销员。他们要把数据资料经过整理分析，变成有用的信息，并用正确的方法适时地传递给急需的人；引导人们通过便捷的渠道，准确地找到他们所需的资讯。他们也要主动了解"客户"的需求，变被动服务为主动服务。数据资料部门一定要理解企业对他们真正的期望是什么。不能简单地理解成资料仓库的保管员，那样的理解不但自己工作起来没有劲，也让企业大失所望。

并行工程——在工业经济时代发展起来的"并行工程"理论和实践，大大提高了企业对客户需求的响应速度。在发达国家，并行工程不单在企业内的研发、制造、销售、服务各环节中使用，同时在供应链各企业间应用。比如，某汽车制造厂一种新车型构想出来时，制造车辆的设备供应商，也开始为这个汽车制造厂设计生产这种新车型的生产装备。一旦决定投产，生产装备可以立即到位。目前公司推行的集成产品线管理运作模式，是实施并行处理最有效的方法。

总之，好的理念、方法是很多的。但任何管理制度与运作模式都是由人操作的。一种管理制度和运作模式是否有效与操作者的素质、行为习惯、心智模式有关。"师傅引进门，修行靠个人"，我们要自觉地引导和调教自己，使自己从粗放型的工作文化中解放出来，逐步养成集约型工作习惯和文化。

四、通过质量与时间的互赢，追寻质量与速度的和谐

过去我们看到比较多的是质量与速度的"矛盾不相容性"。当我们通过对"企业对机会窗的反应过程模型"的具体分析，做正确的事，而且用正确的方法去做事的时候，质量与速度是相辅相成的，并且天然地和谐相处于一个系统中：高质量的上游工作为下游赢得充足的时间，保证下游高质量地完成工作目标，高质量的下游工作又为未来的投入赢得时间。只要设计好运作机制，把握好市场、技术、标准，建设成熟的单元技术库，培育快速有效的技术集成能力，那么我们就可以对市场需求进行高效的响应，大大节约实施过程。而快速输出高质量的产品后，赢得的客户信赖，树立的企业品牌，有利于占领信息和机会制高点；同时又赢得时间和精力去做好下一步的业务方案、基础建设、产品开发工作。这样客户需求＋单元技术＋集成能力＝快速稳定，整个运作就进入了一个良性循环，鱼与熊掌可以兼得。

那么以上思路是否过于理想化？不是！公司近年来的流程组织变革，已经为我们提供了很多好的方法论来支持我们的具体实践。比如建

立营销工程部等责任部门，通过分析客户需求，根据客户需求的轻重缓急，优化投资组合，将版本路标做好，保证产品投资的高效性；通过应用 IPD 结构化流程，采用规范化的项目管理与资源平衡管理方法，保证产品开发过程的顺利进行；通过把核心技术做成单元技术，提前形成可重复使用的共享模块，加强系统工程的整合能力，采用异步开发模式缩短开发的时间，降低综合成本；通过建立跨部门的产品管理与开发团队，并辅以有效的考评体系来保证整个产品开发有效地进行。这些方法论的成熟运用将推动质量及速度指标的共同提高。

总之，时间与质量寓于同一个矛盾体中，双方既对立又统一。"鱼和熊掌不可兼得"的论断，其实是一种非此即彼的形而上学的思维模式。过分强调了矛盾的对立性，而忽视了矛盾的统一性。管理者的艺术就在于从矛盾对立的两难中，寻找和谐统一。寻找的过程就是管理创新和技术创新的过程。找到了和谐，鱼和熊掌就可以兼得。

（本文摘编自《鱼和熊掌可以兼得——矛盾在管理艺术下的和谐》，作者：陈珠芳，来源：华为人，2003）

第 5 章

精简原则：
流程优化

任何工作的困难度与其执行步骤的数目平方成正比：例如完成一项工作有 3 个执行步骤，则此工作的困难度是 9，而完成另一工作有 5 个执行步骤，则此工作的困难度是 25，所以必须要简化工作流程。

——崔西定律

» 第一节 简单高效源于精简

王安石任宰相期间，曾召集士大夫们大谈兴修水利问题。

有个人献计说："如果把占地方圆八百里的巨野大泽梁山泊的水弄干，开辟为农田，这将是利大无比的好事。"王安石听了很高兴，又低头沉思了一会儿，提出疑问说："把梁山泊的水排放到哪里去呢？"

当时善于言谈的刘贡父正好在座，他一本正经地说："可以在梁山泊的附近开凿一个大水池，大小正和梁山泊一样，不就可以贮存从梁山泊排放出来的水吗？"在座的人哄堂大笑起来，刚才提建议的那个人羞得满脸通红，王安石也笑了。

这位自作聪明的先生愚蠢可笑，但是在生活中，我们却也常常陷入其中而不自知。往往为了使一件事情完成得更快捷而设计出更多的程序，但是却像上面的那位先生一样，忘记了设计出来的程序，也是需要占用我们的时间的。

崔西定律说："任何工作的困难度与其执行步骤的数目平方成正比。例如完成一项工作有 3 个执行步骤，则此工作的困难度是 9，而完成另一工作有 5 个执行步骤，则此工作的困难度是 25，所以必须要简化工作流程。"

这个定律告诉我们简化工作流程的重要性。而事实上，人类的许多发明，都是在简化工作流程和降低劳动强度的动力下完成的。

Microsoft office 过于强大的编辑功能，会吸引我们不停地在已经完成的文件上继续编辑。一封本来改几个字就可以寄出去的信，我们却反复调整字体和篇幅，为了页面的宽度在电脑上调上无数次，为了字体的美观而费尽心机。时间就在你反复的调整中流失了。实际上，这些改与除了第一次以外都是不必要的，此后的修改都不过是追求一种更完美的幻觉，浪费了宝贵的时间。

一位年轻有为的炮兵军官上任伊始，到下属部队参观炮团演习。他发现有一个班的 11 个人把大炮安装好，每个人各就各位，但其中有一个人站在旁边一动不动，直到整个演练结束，这个人也没有做任何事。军官感到奇怪："这个人没做任何动作，也没什么事情，他是干什么的？"大家一愣，说："在培训教材里就是讲这样编队的，我们也不知道为什么。"军官回去后，经查阅资料才知道这一个人的由来：原来，早期的大炮是用马拉的，炮车到了战场上，大炮一响，马就要跳就要跑，那个士兵就负责拉马。到了现代战争，大炮实现了机械化运输，不再用马拉，而那个士兵却没有被减掉，仍旧站在那里。

一个农场主的拖拉机坏了。他请来维修人员，维修人员说要拖回去换零件，否则修不好。但零件需要厂家发货，要等一段时间。农场主非常着急，耽误了季节损失就大了。于是他又请来一个技术员，技术员仔细察看后，用锤子敲了一下便使拖拉机开动起来。农场主问要多少钱，技术员说100元。农场主说，你只敲了一下就要100元？技术员说，对，敲一下只要 1 元，但知道往哪里敲需要 99 元。

简单高效源于精简，不再同时处理多项任务。我们看上去忙忙碌碌，但任务是否都能尽快完成？其实并非如此。当大脑迷糊乱套时，多任务化根本行不通。我们需要专注在一件重要任务上，一心一意直到任务完成。

1997 年底正是市场签订单、收货款的好时机，华为公司却将市场部办事处大批骨干召回公司进行流程重整培训，并在全公司抽调干部实施业务流程重整，用任正非的话说，在现阶段，这比技术更能出效益。

当今是高科技导入的信息时代，经济日趋全球一体化，市场瞬息万变，险象环生。企业的危机感无时无处不在。原来以专业分工，连续大规模生产的分工论，流程复杂、刻板，效率低，缺乏竞争力，没有创造力，在今天显然力不从心，最致命的是它无视顾客需求，强调活动而忽视结果。而流程重整能使组织结构有弹性，架构扁平，适应变化的市场；员工更能尽心尽力，保持产品高品质，顾客得到好的服务，以保证市场竞争力。

华为认为机关干部是不能产生增值行为的，任正非要求一定要在监控有效的条件下，尽力精简机关。如何精简机关、改变机关工作作风、提高工作效率？华为国际策划宣传部有 7 人，人力资源申请时计划申请 20 人，最终精简到只申请 2 人。

流程建设是把所有人都解放出来，让大家更体现自己的价值。不仅是发挥主管的价值，更是发挥所有人的价值。因为流程的简化可以从海量、低价值、简单重复枯燥的工作中把每一个人解放出来。

曾经有人问丰田，你们为什么大量使用机器人、机器手。丰田说："我的第一诉求不是省人，哪怕人没有成本，也做不出来机器人的质量，机器人的效率特别高，不良品率极低。"流程是让企业的业务运作上一个大台阶，让人发挥智慧，去干更有价值、有创造力的活，比如"呼唤炮火"，很多难题，企业里所有人也因此可以腾出手来去解决去改进了。因此丰田的全员改进是做得最好的，它给我们的启示是：应对马拉松式激烈残酷的竞争，海量、简单、重复枯燥的事，用流程系统去解决是最明智的选择。

只有精简了，才会有时间和精力集中去做精品。华为 P6 手机首席设计师伍国平在接受媒体采访时说道："老子说：'天下难事，必作于易；天下大事，必作于细。'专注，就是从简单的事情做起，从细微之处入手。以前我们有上百个项目，什么都在做。这几年一直在精简，剩下几十个项目，我需要再精简，我们要做精品。"

华为人小宁就是标准的"崔西定律"的拥护者，无论对于个人的工作流程，还是部门的工作流程，他都是"能省就省"。"我现在最大的爱好之一，就是分析工作流程的网络图，每一次能去掉一个多余的环节，就少了一个工作延误的可能，这意味着大量时间的节省。这 2 年来，我去掉的各种多余工作环节达 70 个，粗略评估了一下，这里省下的时间高达 3000 多个小时，也就是 120 多天啊。"小宁翻开一张又一张的工作流程图，自豪而意味深长地说。

华为也在不断地对管理进行优化，任正非表示：

（对华为公司来说）简化管理问题已经提上日程。要防止管理的复杂性随规模非线性地增长的问题。

» 第二节 去除流程中的冗余环节

一座破旧的庙里住着两只蜘蛛，它们都在佛龛上织网。一天，旧庙的屋顶塌掉了，它们依然继续编织着蜘蛛网，只是一只转移到了屋檐下。没过几天，佛龛上的蜘蛛发现自己的网总是被弄破。一只小鸟飞过，一阵小风刮起，都会让它忙上半天。它去问屋檐下的蜘蛛："我们吐的丝没有区别，为什么我的网总是会破？而你的网却没事呢？"屋檐下的蜘蛛笑着说："难道你没有发现屋顶已经没有了吗？"

很多时候，我们会有这种感受：在同样的工作环境下，有的人工作有热情、效率高、质量好，而有的人却忙忙碌碌无所作为。为什么？因为有的人缺乏诚信和责任感，缺乏一针见血地发现问题和解决问题的能力。

这给我们的启示是，不要纠缠在事物的复杂表象，把宝贵的资源浪费在无价值的环节和推脱上，而是准确地发现问题的本质，并从根本上解决它。

全球第一 CEO 杰克·韦尔奇在接手通用电气时发现，在通用电气辉煌的背后，通用已经变成了一家追求规模、崇尚等级层次、迷信官僚管理的复杂的企业组织。于是他在通用开始了长达二十年的简单文化变革。杰克·韦尔奇经常说："做生意是很简单的"，"我和街边小贩并无不同"。他认为："要想在一个竞争日趋激烈的世界生存，通用必须停止像大公司那样行动和思考问题，应当开始像小公司一样考虑问题。"因为小公司有更好的沟通，没有官僚体制的啰唆；小公司只做重要的事，关注客户、行动快速；小公司有较少的层级和粉饰；小公司浪费少。

因此，杰克·韦尔奇提出的简单管理的目的也就是希望在做大做强时，时刻警惕相伴而来的危机。从混沌迈向有序，从粗放走向精细，从复杂走向简单，有着像小公司一样的发展欲望、灵活性和激情，行动敏捷，更精干，同时去追求简单的生活、简单的美。

2009 年，任正非向华为全体员工发出指示：让一线直接来决策！他曾经百般周折地将一个庞大的企业集团牢牢地控制在手中，但是此时，在一线上奔忙的员工却渐渐缺少了当年创业时的激情和敏锐。他恍然发现，企业中设置了过多流程控制点，冗余的环节阻碍了上传下达的流畅性，降低了工作效率的同时，也磨灭了员工的热情。

任正非认为，去除流程中的冗余环节，让工作流程的各个环节得到精简，是优化工作程序、提高工作效率的第一步。

任正非在市场部培训干部讲话时曾说道：

> 思想上的艰苦奋斗就是多动脑筋，身体上的艰苦奋斗就是多动腿，多动嘴。脑子动得越多，工作方法和流程就可以经常得到修正，流程不断丰富，不断简化，然后再丰富、再简化，这种螺旋式上升的过程构成了非常先进且实用的管理。每一次的丰富，每一次的简化，都不是简单的、机械的增加和简化，而是产生了质的飞跃。

发现和去除缺少价值的环节。如果流程中各个环节结束后未能如愿以偿创造出预期的价值，那么，流程的执行也就失去了意义，执行流程只会平白地消耗资源。此时，只有删除那些冗余的流程，才能将有限的资源投入到其他流程中去，在总体上缩短流程周期。

剔除流程中的多余的环节，充分、良好的内部控制才能保证流程输出结果的质量。不过，需要注意的是，最理想的状态并非控制越多越好，而是保证流程中"杂草不生，禾苗旺盛"。反过来，我们可以利用流程进行内部控制分析——确定一个控制目标后，根据内部控制目标来确定关键的内部控制程序，再分析这些关键的控制程序，确定是否存在重复之处，是否存在优化的可能。一环扣一环地分析下来，冗余和重复的环节也就无处藏身了。下面是一则小例子：

> 为了让入职报到更加方便快捷，华为招聘办公室的小伙

伴们在入职办理流程上也是下足了功夫。通过化繁为简，把原来分开办理的入职材料验证、落户材料接收、阳光卡办理等环节集成在一个服务台完成，为新员工提供"一站式"服务。

» 第三节 合并可简化的环节

除冗的另一种方法是合并同类项。庄子云："丘山积卑而为高，江河合水而为大。"合并的作用不仅在于化零为整，更在于能叠加优势，消除劣势。

在华为，如果当前的工作环节皆不能被取消，那么，华为人就会换个思路，将各个环节适当加以合并。合并是指将两个或两个以上的事务或环节合为一个。例如，工序或工作任务的合并、工具的合并等。很多情况下，各个环节之间的生产能力不平衡，有的人手短缺，有的则人浮于事、忙闲不均，将这些环节加以调整和合并，往往能去劣存优，取得立竿见影的效果。

合并上下环节，将一项任务的多个环节分别交给几位执行者，可以大大加快企业内部物流和信息流的速度。但是，从上一个环节到下一个环节的交接过程，也可能是一次发生错误的机会。所以，为避免出现交接时的失误，可将多个环节的工作任务交由一位执行者全权负责。

华为通常指定一位员工负责一个产品或服务的全过程——从下订

单到发货或服务开始全结束。这类员工在服务业组织中被称为"个案员"或"个案经理"，是客户与企业的单一接触点。

熟能生巧，任务相同或相似的环节并轨，由一位执行者来完成，能最大限度地减少人力和时间方面的浪费。

借助信息技术整合复杂环节。信息技术可以成为一个流程加速的强大工具。如果用于基础扎实的流程，信息技术能够大大增强它的能力。以数据采集、数据传送为例，华为采用积极代替部分人力数据采集工作，降低了人为差错率；而自动化的数据传送，避免了对已经存在于一个系统里的数据的重复录入，省掉数据不匹配带来的麻烦。

在化繁为简的过程中，概括是一个非常重要的方法。

IBM 信用公司，是一个融资机构，早年其作业流程十分繁杂，融资申请单流程正常运作通常为一周，有时多达两周时间。流程在某个环节里卡住时，地方销售商除了焦急等待外，别无他法，以致错失销售良机，从而产生诸多抱怨与龃龉。公司两位资深经理人为找出症结所在，拿着申请单从头到尾亲自操作一遍，结果只用了九十分钟，并找到了影响流程时间的核心是"公文旅行"。于是，IBM 信用公司大胆变革，仅以一个通才交易员取代了审核员、估价员、文秘等专才，从头到尾全权处理，使作业时间由原先一两周减为 4 小时，人力、财力、成本大大降低，且竟然增加了 100 倍的业务量。企业流程重组比技术更出效益由此可见一斑。

伊莱克斯是家用器具领域的全球领先企业。它在中国最大的合资企业是伊莱克斯中意冰箱厂。曾经有过一段时间，新型号冰箱系列的推出时间被一拖再拖，弄到几乎胎死腹中的地步。总经理一再强调协调合作，高级干部培训班办了数次，企业重组专家也被聘请到企业里来，欧洲来访的高级管理官员和专家川流不息……但是这一切都收效甚微。设计冰箱的工程师们还是在远离制造车间一里之遥的公司大楼第六层楼上闭门造车；工艺师们在第七层楼上勤奋工作；物料供应部门的采购员在第一层楼里忙忙碌碌；项目部的管理人员在第二层楼绞尽脑汁；生产部在第四层楼叫苦连天。在几乎整整两年的时间内，每个星期要召开一到两次会议来协调新产品的研制问题，会上往往充斥了部门之间的相互推诿和指责，总经理也曾横下决心来炒掉几个部门的头，仍然没有效果。

后来，这个企业换了一个在美国哈佛大学读过 MBA 的总经理，他既具有在中国传统企业里工作过的经验，又对现代的流程概念有透彻的了解，在他的坚决支持下，相关的管理干部在制造车间里设立了一间无隔断的"联合办公室"，一纸命令把有关的专家们从公司大楼里的各个部门抽调到这个"联合办公室"来工作。由于按照流程的原则确定了新的价值观念和考核制度，大家开始像团队一样地工作，很多问题在"联合办公室"里当场就得到了解决，工作的进展一天一个样。很快地，设计出来的冰箱就成了市场上的畅销商品，并经受了考验。在这里，流程不过是稍稍露了一下脸，就显示了它的巨大魅力。

» 第四节 对不合理的环节重新排序

任正非曾说："员工参加管理，不断地优化从事工作的流程与质量……改革一切不合理的流程。"

那么，如何改进才能调整不合理的环节，保证流程的合理，达到化繁为简的目的呢？

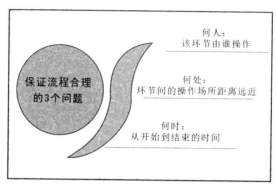

图 5.1　保证流程合理的 3 个问题

华为通过"何人、何处、何时"3 个问题，来确认流程中各个环节的安排是否合理；一经发现不合理之处，立即推倒重来，以使各个环节保持最佳的顺序，保证工作环节的有序性（见图 5.1）。

何人：该环节由谁操作？操作技能是否娴熟？该环节是否为该员工最擅长的？是否存在岗位与员工能力不匹配的现象？如果让熟悉第一环节工作的员工从第二环节调回，可以节省多少时间？

何处：各环节的操作场所之间距离远近如何？是否便于工作交接？如果将某环节的操作场所加以调换，是否可以使工作交接时间更短？调整设备仪器的摆放位置后，操作者使用起来是否更方便、时间更短？

何时：从第一个环节开始至最后一个环节结束的时间，包括在各个环节之间的移动时间、加工时间及由于机器故障、部件无法得到等问题引起的延迟时间分别是多少？时间安排是否过于紧凑，使员工紧张、疲劳？或过于宽松，难以在交期前完成任务？

理清逻辑顺序。工作流程中可能只有几个环节，也可能有数以百个作业环节。如果对各环节排序不当，不合逻辑，将造成工作秩序的极大混乱，无形中延长了作业时间。

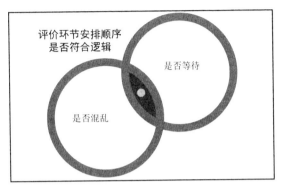

图 5.2　评价环节安排顺序是否符合逻辑

环节安排顺序是否符合逻辑，是否清晰，我们可以从以下两个方面加以评价（见图 5.2）。

是否等待：一个环节完成后，作业者是否需要等待其他环节结束，才能共同进入下一个环节。

是否混乱：一个环节的开展过程中，是否需要下一个环节完成结果的辅助。

一旦出现等待或混乱的状态，必须予以调整，对此，我们可以采取这样的方法。

减少等待：了解各环节完成的时间，提前处理被等待的环节，保证各环节不必被等待，即可与其他环节直接进入下一环节。

避免混乱：了解各环节之间的联系，分清哪个环节应在前，哪个环节应在后，前一个环节结束后才能开展后一个环节，保证各环节之间的有序性。[1]

一个传统的部门往往都是由一些专业背景相同的人员组成。比如

---

[1] 杨玉柱.华为流程除冗的三个环节［J］.商界评论，2011.

说，研究开发部门都是由有工程背景的工程师们组成，财务部门都是由有金融背景的经济师们组成，营销部门都是由有商务背景的业务人员组成等等，依此类推。传统的企业也讲团队精神，但是它们所理解的团队与以流程为中心的企业所理解的团队却大相径庭，前者指的往往是在同一个部门里工作的专业人员，而后者却是指由各个部门组合到一个流程来工作的专业人员，后者才是真正的团队。

企业在实行流程化以后，传统的部门不再是为顾客创造价值的工作场所，专家们都在流程上工作了。比如，需要工程师的流程除了研究开发流程以外，还可能有制造流程、维护流程、履行合同流程、销售流程等等，而这些流程也都会需要能对流程的运作成本进行独立核算的经济师和熟悉顾客并能提供顾客反馈的营销专家。部门实际上变成了向流程输送专业人才的人才库。既然如此，我们是否可把传统的部门变成人才优化中心？

假设有一个学工程的大学生被招募进企业，他首先报到的地方是研究开发部，在研究开发部他要接受有关的专业培训，然后根据企业中流程的需要再把他分配到某个流程上去工作。如果他不能适应某个流程上的工作，那么流程主管把他退回研究开发部，让他补充适当的技能和知识，使他能够重返流程工作。

研究开发部除了培训和提高工程师们的技能外，还可以培训其他需要工程师技能的专家，比如说经济师，在某个流程上的经济师如果需要有关工程知识的背景，那么流程主管就把他送到研究开发部来培训。同样我们也可以把需要加强财务知识背景的工程师送到财务部去培训。谁来负责对这些专家的培训呢？原来的部门主管应该是比较合适的人选。因为他们如果不是在某种专业能力方面出类拔萃的话是不太可能担任原部门的主管职务的。如果我们把某些重要的传统专业部门变成对专业人才不断优化和向流程输出的人才库，这样部门和流程之间的关系就可能变得非常协调。我们把研究开发部比喻成工程师的专业俱乐部也未尝不可（经济师们的专业俱乐部则是财务部，对其他专业部门可以同理类推）。工程师们经常回俱乐部欢聚一堂交流心得体会。其他的专家们也可以来这里串串门补充必要的营养。俱乐部则不断地追溯有关专业的发展动态，使俱乐部成员能与专业的最新发展保持同步。

在以流程为中心的企业里，根据个人的能力和流程的需要，一个工程师却可以，甚至被提倡到尽可能多的流程上去工作。一个工程师每周的安排可能是这样：一个半天在制造流程工作，两个半天在维护流程工作，三个半天在研究开发流程工作，一个半天在履行合同流程工作，一个半天在财务人员俱乐部接受成本核算方面的培训，一个半天到工程师俱乐部回炉补充营养。这样一来，他的专业能力可以得到充分的发挥，复合的技能可以得到全面的发展，个人的价值和回报也可能得到超值的体现，同时他的职业能力在流程的氛围中得到突飞猛进的提高。

延伸阅读

资料应该如何瘦身

从无到有，从有到全，从全到简，从简到精，从精到无。事物往往是螺旋式发展的，资料的最高境界是"零"资料，"零"并非没资料，而是用户感知不到资料的存在。

2000 年华为成立资料开发部，学习欧洲友商提供的 6 本书（技术、安装、操作、维护、运行、验收），产品开始有了比较系统的资料。在"6 本书"时代，我们发现"友商交付给移动的文档有两大箱"，反观华为，印刷出来只能装满一个便携机包，在量上咱们落后了。

2005 年，华为制订出《华为售后文档体系 V6.0》，资料从 6 本剧增到 34 本。然后各产品线落地实施，业软（"行业软件工程师"的简称）落地最辛苦，为啥？业软有"两多（产品多、版本多）"，无线 / 网络的客户"3 天吃 1 餐"，业软的客户"1 天吃 3 餐"，几年后能勉强解决了"全"的问题。本以为可以歇歇了，但华为正大踏步走向海外，有一年海外满意度调查，"资料不完整"又成了公司的 TOP 问题。2009 年资料联合服务、市场输出《产品包资料清单 V2.0》，文档从 34 本增加到 113 本，体系更全了。

8 年两次资料清单升级，数量呈几何级数增加，咱们的文档数量确实是完整了，但是否万事大吉了呢？

某大 T（全球大运营商）客户说："操作指南太专业，规模太大，没兴趣看下去。"（潜台词：畏难于大部头的资料。）

服务工程师 A 说："资料规模太大了。"（潜台词：管用的找不到。）

开发项目经理 B 说："资料至少要精简 50%。"（潜台词：输出太多资料消耗了太多人力。）

基层资料 PLC（职业责任委员会）说："需要交付的资料太多了，工作越来越累，质量难以保障，但发布有齐套性要求，无法裁减。"（潜台词：行业定的要求不太合理，有些资料一线并不需要。）

客户希望易用的产品或资料提高工作效率，服务工程师希望管用的资料降低成本，产品部门希望最少的资料减少人力投入，资料 PLC 则希望从浩瀚的写作中解放出来，做更有价值的工作。资料精简势不可挡，怎么办？

转变视角："为用户写资料"而不是"为产品写资料"，资料必须帮助用户完成任务才有意义。

关注体验：不仅仅是考虑用户是否需要这个资料，而应考虑为用户提供更好的信息体验，例如界面上的提示比厚重的文档体验更好。

了解客户：为用户写资料，需要抓住一切机会去贴近用户，了解"用户做了什么，最大的障碍是什么，资料是否管用"。

结合今年电软核／数字业务 BP（业务计划）过程中主管和专家观点，总结出以下几点：

1. 守住实用性底线：资料真正支持一线项目销售、交付、操作、维护、故障处理、升级和扩容任务，做到管用。

2. 资料瘦身：在守住实用性底线的基础上大刀阔斧地砍掉不需要的文档或内容，输出资料信息最小集。

3. 资料精品化：根据用户的知识背景和完成任务的知识差距提供最

少的内容，并以易读易懂的方式呈现出来。

4.资料软件化：识别用户任务执行的难点、障碍点，反向驱动产品易用性提升，减少资料内容。

（本文摘编自《资料应该如何瘦身》，来源：华为人，作者：刘永国，2014）

链接 1

莫把约定俗成的过程当流程

流程不是约定俗成的过程

我们在讨论任何问题的时候首先要搞清楚几个必要的条件：时刻之所处？地点之所在？对象之所面？显然，我们今天是处在 21 世纪前夕的这个由顾客主宰市场导向的知识经济时代，在中国改革开放最早的深圳市的一个高科技产业基地，面对高知识结构的专业管理干部来谈论世界一流企业家在优化管理时最常用的概念——流程。所以，我们今天谈论的流程绝不是传统意义上某个工程师设计一个模块的程序，也不可能是一种为了达到某个目标而按部就班地穿行在部门之内或部门之间的工作顺序，更不可能是 20 世纪初期生产力革命中就出现了的流水生产线，虽然它们都可能披上流程的时髦外衣而被人们称作流程，但至少在本文讨论的范畴内它们都不是。前者充其量只是一件专家从事的单个任务，后两者不过是实现某个目标的工作过程而已。如果我们的管理干部在强调优化流程的时候，翻来覆去穷折腾的对象根本就不是流程，而只是单件的工作任务，或是工序之间的一些孤立的环节，那无异于医生对病人采取头痛医脚，或是治标不治本的处理，不仅达不到管理革命企图提高生产力的结果，还完全可能起到相反的作用。

流程构成三要素

正像我们对《华为基本法》的核心价值观念达成共识一样，我们也需要对流程的概念达成共识。在管理革命的时代，流程的精确定义应该是这样：

一个流程是一组综合在一起的任务，它们共同为顾客创造出有价值的结果。

根据这个定义，我们可以看出流程所具有的三个要素：

1. 以顾客的需求为导向；

2. 一组不受部门边界束缚的综合起来的任务；

3. 产生对顾客有价值的结果。

（本文摘编自《莫把约定俗成的过程当流程》，作者：陈培根，来源：华为人，1999）

链接 2

流程之美

我想起自己接手集团财经质量运营部流程与质量的工作后，对流程管理也有了更多新的认识和思考，逐步揭开了流程管理的神秘面纱，发现流程的美，也渐渐喜欢上流程管理的工作。在此和大家分享一下我对流程管理的一些认识：

正确之美

2009 年，我随中东地区部搬迁来到巴林。为尽快熟悉环境，第二天我便向代表处同事打听巴林哪里最值得去看看。同事告诉我最有名的地方之一就是"一棵树"——在茫茫沙漠中顽强地生长着一棵大树，当地人称为生命之树（Life tree）的所在地。

巴林地图像一个锥形，面积 700 多平方公里。同事勾勒出一个简易的巴林地形图，示意我所在的地方位于巴林最北部偏西的地方，"一棵树"是在巴林的中南部，距离约四五十公里。凭着这个简单信息，我独自开车找到了这棵神奇的生命之树。

我一直认为，这次成功的探路得益于我很好的方向感和认路能力。但最近我有了新的理解和认识，它让我明白了流程的价值。之所以能在完全陌生的环境下找到生命之树，是因为在同事给我指明大方向后，我尽可能寻找朝南开下去的公路，且在关键的路口拐弯处，恰好看到有路牌指示 Life tree 的方向。流程就好似这条路，路牌就如同操作指导书，同事指示的大方向就是我们的业务战略目标和方向。

流程可以让一个新手也能正确地做事，做成功的事，这就是流程的正确之美。

有效之美

大数据时代来临，对大数据的管理决策非常重要。如何做呢？看完《大数据》这本书，我认识到大量有效的数据信息是可以通过流程建设和系统设计得到的，流程管理对一个组织的重要性，简言之，它就是最好的经营管理。

通常我们说管理是七分科学和三分艺术，在现代信息通讯技术的帮助下，组织如果有一套好的流程设计和流程智能管理系统，就能有效获取大数据信息，来规范指导组织的管理决策和实时监控业务执行，这就能保证管理中七分科学的部分得以有效实现，避免靠人决策可能出现的信息不全、理性不足、政治偏好和个人喜好的影响。管理的三分艺术部分也能从流程智能管理获取的大数据信息中得到有价值的参考支撑。

公司这么多年来的流程变革（包括 IPD、ISC、LTC 和 IFS），其核心就是要建立流程型组织，打造流程化管理，华为还将长期坚持朝着这个方向努力。所以，任何人，除了要有好的专业技能和交流沟通等能力，还需提升流程管理的意识和能力，只有这样，才能真正有效、高效地开展业务。

从容之美

流程管理，说白了就是要具备流程管理意识，能够运用流程的方法和工具，对业界好的、优秀的实践经验进行借鉴、总结和传承推广。

回想当年在中东做 CFO，我自认为那是在打乱仗和乱打仗，因为那时候我本人流程意识不足，也不懂得用流程工具和方法。在很多事情处理上，缺乏全局观，不明白为什么要我来处理，我应从什么方面承担责任，有什么权力，谁应该为我的工作提供何种的支持，事项的最终意义是什么等等。很多的工作方法也多是临时靠大家摸索，成功后的经验和能力也不能有效地总结和传承。

如果现在再给我一次机会，我首先会设计一张地区部财经相关的流程架构图和流程视图挂在我办公室，它就好比我们的作战地图，而各类流程文件就是我的作战指导，有了这张地图和流程文件，我就能从容有序地策划和指挥地区部财经工作。

管理财经已设计了 12 个 L2 流程、68 个 L3 流程和 95 个 L4 流程，覆盖了目前所有的财经业务。平均算来，一个 L3 不到 2 个 L4 流程，一个 L2 也就约 8 个 L4 流程。也就是说在有丰富一线业务经验基础上，能弄懂弄透 2 个 L4 流程，你们就具备一个三层主管的能力了；弄懂弄透 8 个 L4 流程，你们就相当于有能力做二层组织领导了。

所以，期望大家快速提升流程管理意识和能力，而且，华为在建造流程型组织，打造流程化管理的过程中，需要广大具备流程管理意识和能力的领导干部。

我相信流程管理是非常有魅力的，你认识了它就会被它的魅力所吸引。如果你有一定的业务经验再转到流程管理的工作中，你便更能感受到流程之美，找寻到工作的乐趣。

（本文摘编自《流程之美在何处？》，作者：饶春波，来源：华为人，2014）

第 **6** 章

自我激励：
激发潜在的动力

CHAPTER 6

在人生的激励中，更重要的是自我激励。

——任正非

» 第一节 "板凳要坐十年冷"，怎么坚持

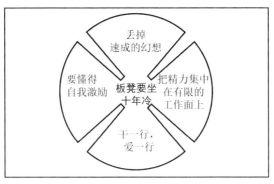

图 6.1 如何克服职业倦怠

"板凳要坐十年冷"，怎么坚持呢？工作久了感觉没了，又怎么办（见图 6.1）？

一个人长期从事某种职业，在日复一日重复机械的作业中，渐渐会产生一种疲惫、困乏，甚至厌倦的心理，在工作中难以提起兴致，打不起精神，只是依仗着一种惯性来工作。因此，职业倦怠症患者又被称为"企业睡人"。据调查，人们产生职业倦怠的时间越来越短，有的人甚至工作半年到八个月就开始厌倦工作。

用最通俗易懂的话来说，职业倦怠即是一种由工作无限膨胀与挫折引发的情感精神与体能上的入不敷出感。倦怠会摧毁你每一样能力，短期记忆、正面乐观的态度、统筹、判断与推理能力。

目前我们所能做的，大多集中于预防和疏导，职场心理学专家、医学博士加里布艾尔·科拉（Gaby Cora）给我们的建议是，每天至少做 30 分钟的有氧运动，并在短时间内完全从日常工作中抽离出来，首先要确保自己远离那些将自己拖入低谷的东西，培养健康的业余爱好。

"鉴于大约75%的办公室上班族在8小时之外依旧要处理公司事务，你首先要学会在休息时间保持不插电状态，避免工作时间的压力走到你的餐桌和卧室，以及度假胜地去，在适当范围内，关掉你的手机，停止无休止地刷新电子邮箱。

其次，你必须拥有自己的一套工作整理术，将手头所有的事情区分轻重缓急，避免自己陷入多线程同时处理状态，并警醒那些身体健康上的微小信号，头疼、僵硬的颈椎与双肩、过于频繁的夜醒，不要羞于求助心理健康专业人士。"

在其他辅助方案之中，还包括"正念减压"——在办公室闲暇时间冥想，拉伸身体，以及"自我审视"。一些职业运动员很早就采取了这样的方法，包括观看自己在比赛中发挥失常的录像回放，大脑中与悲伤有关的区域的活动减弱，帮助管理情绪的区域活动增强。

"板凳要坐十年冷"，怎么坚持？华为人老邓传授了他的经验：

> 要懂得自我激励。做流程没有惊天动地，只有细水长流，所以要给自己一些鼓励。比如报告写好了，得到了领导表扬，或者项目做好了，得到业务部门认可，都是很好的鼓励自己的方式。最重要的是，要能认识到做流程工作，其实就像是老中医，越老越吃香。将流程的方法和思维充分理解将受益终身。

任正非表示，在人生的激励中，更重要的是自我激励。

他曾这样记述道："任何人都应该是为了目标和理想来奋斗的，努不努力跟你认不认同我没有关系。我年轻时代也是得不到认同的，如果那个时代我因为得不到认同就放弃努力，我今天和大街上的人有什么区别？不要过分强调组织、公司的认同。如果完全以它们的认同为基础，世界上就不会有科学家、凡·高和贝多芬，也不会生产出直升机。'向使当初身便死，一生真伪复谁知。'在人生的激励中，更重要的是自我激励。"

激励大师金克拉曾说："你若想成为人群中的一股力量，便必须掌握激励，生活就是这样，你把它放入自己所处的人际关系中，人们就记得你信任你，就像黑夜相信灯光一样。"

2003 年，我负责的项目走向了终结，主管安排我从事自动化测试的技术研究和测试平台建设工作，我从管理一个团队到重新成了一个"兵"。刚开始新工作的时候，我的情绪低落，后来通过和主管交流，我才意识到，原来这种情绪叫"失落"。其实，每一项工作中都蕴藏着挑战，随着自动化测试平台在大部门的推广，看着我获得的第一个专利证书，成就感油然而生。板凳要坐十年冷，干一行，爱一行！

任正非表示："有许多人有强烈的个人成就感，华为也支持。华为既要把社会责任感强烈的人培养成领袖，又要把个人成就感强烈的人培养成英雄，没有英雄，企业就没有活力，没有希望，所以华为既需要领袖，也需要英雄。但华为不能让英雄没有经过社会责任感的改造就进入公司高层，因为他们一进入高层，将很可能导致公司内部矛盾和分裂。因此，领导者的责任就是要使自己的部下成为英雄，而自己成为领袖。

我们要创造更多的机会，给那些严于律己，宽以待人，对工作高度投入，追求不懈改进，时而还会犯小错误和不善于原谅自己的员工。只有高度的投入、高度的敬业，才会看破'红尘'，找到改进的机会，才能找到自身的发展。敢于坚持真理，敢于讲真话，敢于自我批判。"

任正非这样告诫新员工："希望丢掉速成的幻想，学习日本人的踏踏实实、德国人的一丝不苟的敬业精神。真正生活中能把某一项技术精通是十分难的。您想提高效益、待遇，只有把精力集中在一个有限的工作面上，不然很难熟能生巧。您什么都想会、什么都想做，就意味着什么都不精通，任何一件事对您而言都是做初工。努力钻进去，兴趣自然在。我们要造就一批业精于勤，行成于思，有真正动手能力、管理能力的干部。机遇偏爱踏踏实实的工作者。"

» 第二节 让工作本身成为激励

"唯一让人有工作满足感的方法就是从事你认为伟大的工作，而通向伟大工作的唯一方法就是爱上所从事的工作。如果还没找到这种工作，那就继续找。不要将就，要跟随自己的心，总有一天你会找到的。"乔布斯如是说。

没有人喜欢平庸，尤其对于年纪轻、干劲足的员工来说，富有挑战性的工作和成功的满足感，比实际拿多少薪水更有激励作用。事实上，很多员工对自己所在的工序已经驾轻就熟，操作已得心应手，他们希望有更多机会展示自己的技能，也愿意承受更高的挑战。

工作激励其实质就是让工作本身成为激励因素。

下面是一位华为人的感触：

2013 年 8 月由于部门人员调整，亚太对账小组组长空缺，主管决定给我一次锻炼的机会，试用期 3 个月。于是，我在忐忑和自我鼓励中开始了新角色的征程。

万事开头难，很快我就遇到了挑战。一次工作安排后，A 成员迟迟未交付，原来她认为这种工作意义不大，没有必要去按要求执行。一时间不知道怎么说服和沟通，在向其他同事请教后，意识到前期下发工作任务时没有明确工作的目标和价值，没有让 A 感觉到工作的意义，后来也没及时沟通，被动地等待问题出现。意识到这些后，我主动找到 A 同事，了解她的工作习惯并听取建议，大家在愉快的氛围中解决了问题。

一些企业会给员工的工作增添意义，使他们觉得他们的工作在社会上很高尚，他们担负着某种使命，而且，尽可能地让他们扩大工作范围，允许他们经常调换工作，调剂他们的身心或肢体的工作强度，促使他们对工作产生强烈的乐趣。如果我们的企业做不到这一点，我们就需要通过自己的努力，来找到工作的意义，产生工作成就感。工作成就感正是激励我们更好工作的一个有效因素。下面是一位华为人的感悟：

进入工作的执着期这个阶段，在导师的帮助和指引下，不断地学习更深层次的知识，不断地了解系统内外的关系，不断地钻研更前沿的技术，不停地向专家的目标迈进。伴随着自己的学习和积累，我的工作能力突飞猛进地提高，工作变得更加顺心，于是在不经意中我发现了测试的意义，工作成就感也就油然而生。正如测试部的口号"品质千锤百炼，测试一马当先"，在工作中经常为一个问题和开发人员争得面红耳赤，经常为解决系统的 bug 而欣喜万分，就这样在快乐的工作中度过一天又一天，这也许就是工作的意义，生活的意义。

找到第一份工作时，每个人的心态都是这样的：兴奋、激动，想要证明自己，恨不得每天最早一个到办公室，最晚一个离开。总是在不断学习，不断想要做到更好，看到别人做什么都很激动，打印个文件都恨不得把它装订个花边出来。

当你在职场成长时，不仅能力在提升，薪资待遇在提高，同时工作的心态也在成长。不妨从现在开始改变这种情况，回忆一下自己的第一份工作，它带给你的是什么？

如果你现在的工作情况比起自己的第一份工作已经有了很大的进步，那么是不是还能有更大的进步呢？是不是还能追求更高的工作标准呢？

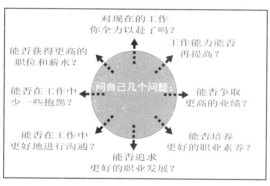

图 6.2　对自己的工作情况进行反思

回忆自己在第一份工作中的发展和成长，将有助于你梳理自己的思路，调整自己的心态。重新审视自己现在的工作情况，对自己目前的工作状态提出疑问，将有助于你对自己的工作情况进行反思。只有你对自己的工作情况提出疑问，你才能主动改进。问一下自己（见图 6.2）：

1. 对现在的工作你全力以赴了吗？

2. 工作能力能否再提高？

3. 能否争取更高的业绩？

4. 能否培养更好的职业素养？

5. 能否追求更好的职业发展？

6. 能否在工作中更好地进行沟通？

7. 能否在工作中少一些抱怨？

8. 能否获得更高的职位和薪水？

华为人老张经历过多次组织变革，最大的一次是华为三拆分，原先的部门没有了，不知自己该划归哪个部门，该向谁汇报，考评也没有固定的主管，而来自业务的压力还在持续增加，令他非常苦恼。那段时间他反复琢磨：工作到底是给谁做的？是为了领导吗？不，是因为有业务需求，自己的工作对公司来说是有价值、有意义的。走出混沌，他不管有没有领导关注，一头扎进繁忙的工作中。

经过多年历练，老张已经成为路由器准入测试的第一接口人，负责协调国内国外多个办事处的项目，无论项目多么紧急，他总能很快理清项目的轻重缓急，在行销、Marketing（销售）、市场技术、开发、产品测试、解决方案测试等多个部门之间协调资源，组织项目开展。

» 第三节 离开舒适区，适当地调高目标

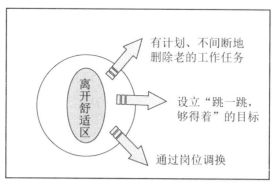

图 6.3 如何离开舒适区

　　提防自己，不要躺倒在舒适区。舒适区只是避风港，不是安乐窝。它只是你心中准备迎接下次挑战之前刻意放松自己、恢复元气的地方。

　　如果真的感到进入了舒适区，那说明一定进入了危险区，只不过这个危险区还没有让你感到危险，就像温水中的青蛙。这就是所谓的"舒适区陷阱"。假设跑步的队伍慢慢停下来了，你会感觉发热，有点小汗，舒适了，奋斗有点成果了，也就是进入个人的舒适区了（见图 6.3）。

　　当现有的目标已经实现，或者说现有的目标完成起来毫不费力的时候，我们需要适当地调高目标。

　　篮球架子为什么要做成现在这么高，而不是像两层楼那样高，或者跟一个人差不多高？不难想象，对于两层楼高的篮球架子，几乎谁也别想把球投进篮圈，但是，跟一个人差不多高的篮球架子，随便谁不费力气就能"百发百中"，大家也会觉得没什么意思。正是由于现在这个跳一跳就能够得着的高度，才使得篮球成为一个世界性的体育项目，引得无数体育健儿奋争不已，也让许许多多的爱好者乐此不疲。

篮球架子的高度启示我们：一个"跳一跳，够得着"的目标最有吸引力，对于这样的目标，人们才会以高度的热情去追求。因此，要想调动人的积极性，就应该设置有这种"高度"的目标。

在华为，如果一个人的能力有了一定时间的积累，就需要离开舒适区，调整到新的岗位。

华为前董事长孙亚芳在一次会议上这样说道："公司的发展证明，艰苦奋斗是我们的唯一发展途径，干部要身先士卒。现在海外市场占到公司销售额的 70%，各级干部要勇于到全球市场上去建功立业，想守着中国市场，守着舒适区是不可能的了。"

华为人离开舒适区，调高目标的过程中，获得了快速的成长。下面是她们的记录：

工作中的第一次"转身"——从普通员工转为一个团队的管理者、带领者，一定会有反反复复的思考、分析。对于女性来说，会有更多的内心挣扎。

王姐首先谈到自己当时的心情。当领导跟她沟通，希望她做项目经理时，她直觉反应是"拒绝"。觉得自己干得挺开心，女孩子不用那么辛苦。她回家跟家人商量，爸爸说："如果你现在是 60 岁，那你可以追求安逸；可是你现在是 20 岁，后面这么多年你要发展呀，总要迈出这一步的。"这番话让她记忆犹新。是的，人可以不成功，但不能不成长。

从家电行业到华为的高端专家，迟工曾带领过 400 人的团队，在技术和管理上颇有心得。她也谈到了自己一次重要的转身："十几年前，我所在的公司搞竞争上岗，我当时正处于所谓的'舒适区'，觉得自己技术不全面，非常迟疑。老领导鼓励我去试了试，结果竞聘上了开发所长。

当了所长之后，一下子傻眼了，国内国际销售公司整天要产品，人再多也忙不过来，于是开始慢慢思考如何把产品平台建起来，想着如何去做归一化，慢慢积累技术管理方面的能力及经验。女性有热情、有条件，不要放弃机会，平台大了，视野也开了。"

人往往是在多次的"被动"中，逐渐意识到发展意味着更大的舞台、更广阔的视野和更多的人生价值。

华为人就是在不断地主动提升自身价值的过程中，超越自我，为自己、为团队、为企业发挥自己的才能。正如苹果创始人乔布斯所说过的这样一句话："求知若渴，虚心若愚（stay hungry，stay foolish）。"

华为 IP 开发部网络操作系统部首席程序员饶某在谈到自己的职业发展时，这样说道：

很多专家都是在编代码中成长起来的。我个人最早是维护 RIP（路由信息协议）、IGRP（内部网关路由协议）的，这是两个古老的协议，没有多少使用场景，问题单也比较少，我就主动把其他模块的代码拿过来，一边学习一边主动做些代码检视。

过程中我发现了一些问题，由于我正处于学习阶段，并不太熟悉代码流程，没有百分百把握确认我发现的到底是不是问题。要不要提出我的疑惑呢？如果不是问题，别人最多善意"鄙视"下，但万一真是问题呢？我主动找这一模块的负责人讨论，确认原来问题真的是一个隐藏很深的 bug。这件事情给了我很大的信心，学习别人的代码不仅能拓宽知识面，还能发现问题促进版本稳定，何乐而不为？

作为一个技术人员绝对不要拘泥于自己的责任田，不要安于现状，不要被动接受任务，这会严重阻碍个人技术能力提升以及职业发展，一定要主动跳出自己的舒服区域，主动承担一些原本不属于你的工作。去做就好了，很多事情都是水到渠成的。

任正非表示："'不舒适'是永恒的，'舒适'只是偶然。在不舒适的环境中学会生存，才能形成健全的人格。遇到困难和挫折，要从更宽、更广的范围来认识，塞翁失马焉知非福。"

华为还会通过轮岗来使员工离开舒适区。华为前人力资源总裁张建国表示："一个人在一个岗位干时间长了，就会有惰性，产生习惯思维。但是到了新的岗位以后，会激活他的思想，大家一般都会想表现得好一些，所以在新岗位的积极性也会很高。工作几年以后，人到了一个舒适区，也就很难有创新了，所以一定要有岗位的轮换。在华为，没有一线工作经验的不能当科长。新毕业大学生一定要去做销售员，做生产工人，你干得好就提上来。"

通过岗位调换，华为实现了人力资源的合理配置和潜力的激活，促进了人才的合理流动，使人力资本的价值发挥到最大。

几乎所有华为员工都有过轮岗的经历，一般华为员工工作 1～2 年后就要换一个岗位，而且还有比这更频繁的。这样频繁地进行岗位调动，首先是因为华为公司业务的急速发展，人员数量扩张得非常厉害，而且由于招聘的员工基本是大学校园的应届毕业生，根本无法知道谁在什么岗位上是最合适的，因此"轮岗"的制度可以使员工各得其所。对于那些已经在华为工作了几年的老员工而言，若不实行轮岗制，可能有的员工会想，来公司已经好几年了，除了向目前的序列发展之外，我还有什么样的发展空间呢？我还有什么样的能力呢？

其次，华为的管理者看到企业部门与部门、人与人之间的信息交流和相互协作出现了问题。用企业员工自己的话说就是"总部一些制定政策的部门不了解一线客户需求，出台的政策很难执行，瞎指挥"，"服务部门和事业部有隔阂，话说不到一块儿去"。没有切身的体会是很难做到换位思考的，轮岗制正是解决这个问题的良药。

同样，在岗位上已经工作了一段时间的员工进入一个新的领域其实并不困难。华为在考虑了员工的学习能力和工作表现后，会让他进入一个崭新的岗位，本来在机关从事管理的岗位，突然换到市场从事一线销售的也大有人在。这样做，更多的是华为希望员工通过丰富的职业经验来拓宽他们职业的视野以及事业发展的宽度。

如果员工在某个岗位感觉并不得心应手，华为会允许他再重新选择一个他认为更合适的岗位，当然华为也提倡"干一行，爱一行"。为防止基层员工随意转岗，任正非指示有关部门，那些已经转岗的和以后还要转岗的基层员工，只要不能达到新岗位的使用标准，而原工作岗位已由合格员工替代的，建议各部门先劝退，各部门不能在自己的流程中，有冗积和沉淀，华为每年轮岗的人数不得超过总数的17%。他警告说，哪一个部门的干部工作效率不高，应由这一个部门的一把手负责任。

有工作经验的新员工如何在华为快速找到自己的定位？华为人的建议是，淡化自己过去形成的工作方法和习惯，以空杯和谦逊的姿态融入华为的工作环境。进入华为后，忘掉过去的"身份"，会更有利于自己的发展。

不论是对个人，还是企业，只有有计划、不间断地删除老的工作任务，才有时间和精力去开创新的局面。

德鲁克曾这样写道："在经营管理方面，杜邦公司一向比世界上其他化学公司做得要好。一旦某种产品的销售或某个生产流程开始出现下降的趋势，杜邦公司就会毫不犹豫地将其舍弃。公司绝不会将其紧缺的人才、资金等资源投入到保卫昨天的那一套陈旧东西中去。然而，大多数其他企业（化工的和非化工的）的经营原则与杜邦的完全不同。他们会这样说：'只要将我们的车用天线厂经营好，市场总会有的。''我们的公司就是靠此产品起家的，因此我们现在有责任让这一产品能在市场上维持下去。'尽管这些公司也派管理者去参加关于创新产品的研讨会，不过他们老是在抱怨搞不出新产品来。而与此同时杜邦公司却在为生产和销售新产品整天忙得不亦乐乎。"

» 第四节　加强紧迫感

20 世纪著名女性文学作家 Anais Nin（阿娜伊斯·宁）曾写道："沉溺生活的人没有死的恐惧。"自以为长命百岁无益于你享受人生。然而，大多数人对此视而不见，假装自己的生命会永远持续。唯有心血来潮的那天，我们才会筹划大事业，将我们的目标和梦想寄托在"虚幻岛"的汪洋大海之中。其实，直面死亡未必要等到生命耗尽时的临终一刻。事实上，如果能逼真地想象我们的弥留之际，会物极必反地产生一种再生的感觉，这是塑造自我的第一步。

美国著名心理学家加利·巴福博士曾经说过："再也没有比即将失去更能激励我们珍惜现有的生活了，一旦觉察到我们的时间有限，就不再会愿意过'原来'的那种日子，而想活出真正的自己。假如做不完就失业，那么，不管你之前有多么远大的未竟的事业，有多么美妙的计划尚未实施，你都不得不离开那个曾经给过你烦恼的岗位了。美妙的计划意味着我们转向了曾经梦想的目标，修复或是结束一种关系，将一种新的意义带入我们的生活。许许多多的人执迷不悟，直到一场重大的危机彻底颠覆了我们的生活，比如被炒鱿鱼，我们才会被迫作出彻底改变生活的决定。但是，真的非要等到那一天吗？可不可以从现在开始？"

正如任正非所说："时光不能倒流，如果人能够从 80 岁开始倒过来活的话，人生一定会更加精彩。"

在市场经济大潮中，企业的生存环境可谓是瞬息万变，自身资源状况也在不断的变化之中，企业发展的道路因此而充满危机。

正因为这样，任正非才会警告员工："华为的冬天很快就要来临！"惠普公司原董事长兼首席执行官普拉特才会说："过去的辉煌只属于过去而非将来。"企业老总们对危机的感受是深刻的，但一般员工并不一定就能感受到这些危机，特别是不在市场一线工作的那些员工。很多员工都容易滋生享乐思想，他们认为自己收入稳定，高枕无忧，工作热情也日渐衰退。因此，企业管理者有必要向员工灌输危机观念，树立危机意识，重燃员工的工作激情。

在 2003 年以前，低调的华为、低调的任正非在外界眼里充满神秘感，而由于华为的产品主要面向企业客户，无须像一般制造企业必须通过扩大宣传获得更多民众的关注，所以除了行业人士，其他人对华为一知半解。再者，任正非始终坚持做企业就要踏踏实实，不张扬，不求功名，并把这种思想灌输给每一个华为人，从而形成一致缄默对外的低调而神秘的企业形象。

即便如此，华为的大名早在2000年左右就已经在中国企业界流传开了，而这源于任正非的两篇管理名作《华为的冬天》和《北国之春》。在这两篇名作里通篇都在强调的是危机意识。这种忧患意识也成为华为不断发展壮大的内在动力。

然而，如果让我们向上追溯任正非在《华为的冬天》和《北国之春》中的思想根源就会发现，在更早的时候，即1995年，任正非就已经敏锐地意识到华为即将到来的危机。

1995年，华为自主研制的C&C08数字程控交换机在经过两年的研发、实验和市场推广之后，终于在中国市场上取得了规模商用。华为的08机与巨龙的04机一起，成为中国广大农村通信市场的主流设备。华为人为此欢欣鼓舞，对公司的发展前景满怀信心，而任正非则清醒地意识到：

> 由于全世界厂家都寄希望于中国这块当前世界最大、发展最快的市场，而拼死争夺，形成了中、外产品撞车，市场严重过剩，形成巨大危机。大家拼命削价，投入恶性竞争，由于外国厂家有着巨大的经济实力，已占领了大部分中国市场，如果中国厂家仍然维持现在的分散经营，将会困难重重。

1996年，华为全年完成销售额26亿元人民币，经过十年奋战，华为正式进入企业的顺利发展阶段。而此时，任正非却尖锐地提出，面对成功，华为人必须要有一种清醒的认识，否则成功带来的不是企业的繁荣，而是令人措手不及的危机。任正非在其题为《反骄破满，在思想上艰苦奋斗》的讲话中谈道：

> 成功是一个讨厌的教员，它诱使聪明人认为他们不会失败，它不是一位引导我们走向未来的可靠的向导。它往往会使我们以为十年的艰苦奋战已经胜利。这是十分可怕的，我们与国外企业的差距还较大，只有在思想上继续艰苦奋斗，长期保持进取、不甘落后的态势，才可能不会灭亡。繁荣的里面，处处充满危机。

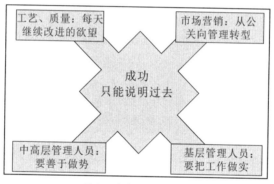

图 6.4　成功是没有止境的

任正非认为，成功是没有止境的（见图 6.4）。例如，对于生产的工艺、产品的加工质量，华为人都应该有一种"每天继续改进"的欲望；而市场营销则要从公关、策划型向管理型转变；至于中高层管理人员要善于做势，基层管理人员则要把工作做实。任正非坚持认为，成功只能说明过去，只有在思想中保持艰苦奋斗的优良传统，才能不为过去的成就所束缚，才能在更高的层次获得更大的进步。

同样是在 1996 年，任正非在华为发动了"市场部领导集体辞职"运动，市场部经过重新改组后，持续三个月均创造了历史最好的业绩，5 月份销售额达到了 3.15 亿元人民币。与此同时，捷报频传，华为与深圳商业网、广东视聆通多媒体通信合同顺利签订，天津 HONET 综合接入系统备忘录签订并开始实施，中国联通深圳公司与深圳市邮电局使用 08 机做专用接口局合同签订，广州市话 2 万门局（新业务的试验）合同签订……每一个项目都意味着华为在新的领域、新的市场上取得了战略性的突破。

在一次表彰大会上，任正非向奋战在各条战线、为此做出成绩的华为人表示了真诚的祝贺，并号召全公司人员以他们为学习的榜样。在这样一个皆大欢喜的庆功会上，任正非仍然不忘提醒沉浸在喜悦中的华为人要警惕繁荣背后的危机。任正非表示："繁荣的背后充满着危机。这个危机不是繁荣本身的必然特性，而是处在繁荣包围中的人的意识。艰苦奋斗必然带来繁荣，繁荣以后不再艰苦奋斗，必然丢失繁荣。'千古兴亡多少事，悠悠，不尽长江滚滚流。'历史是一面镜子，它给了我们多么深刻的启示。忘却过去的艰苦奋斗，就意味着背弃了华为文化。"

那么，任正非希望华为人如何对待目前的繁荣，预防可能会到来的危机呢？任正非在其题为《再论反骄破满，在思想上艰苦奋斗》的演讲中谈道："世界上我最佩服的勇士是蜘蛛，不管狂风暴雨，不畏任何艰难困苦，不管网破碎多少次，它仍孜孜不倦地用它纤细的丝织补。数千年来没有人去赞美蜘蛛，它们仍然勤奋，不屈不挠，生生不息。我最欣赏的是蜜蜂，由于它给人们蜂蜜，尽管它有时会蜇人，人们还是对它赞不绝口。不管您如何称赞，蜜蜂仍孜孜不倦地酿蜜，天天埋头苦干，并不因为赞美产蜜就少一些。胜不骄，败不馁的精神从它们身上完全体现出来了。在荣誉与失败面前，平静得像一潭湖水，这就是华为人应具有的心胸与内涵。"

任正非认为，华为的发展道路不可能一直风调雨顺，狂风暴雨是一定会来的。他希望在那个时候每一个华为人都能像蜘蛛一样，不管遭遇多少挫折和打击，都不放弃，要尽自己最大的努力"补网"，等待危机过去；他要求华为人必须做到，在面对繁荣和赞扬时，要能像勤奋的蜜蜂一样，埋头苦干，不为得失而耿耿于怀。这种"在荣誉与失败面前，平静得像一潭湖水，就是华为人应具有的心胸与内涵"的精神后来被纳入到华为的企业文化中。

» 第五节 反思：自我批判

华为非常强调人的自我批判能力。华为认为，一个优秀的员工造就其优秀的真正能力是接受新事物、新观念，去除旧观念、旧的思维模式和过时的心智模式的能力。这种能力实质上就是自我批判的能力，有了这种能力才能去除自身不符合公司价值导向的价值观，心甘情愿地接受公司核心价值观的约束，并按公司的价值导向重塑自我。

华为的核心价值观：

"为客户服务是华为存在的唯一理由，客户需求是华为发展的原动力。"

"华为员工在公司改变命运的途径有两个：一是奋斗，二是贡献。"

从理性上，华为的管理者认同华为的核心价值观应该说是不难的，因为它很在理。但要按照这些价值观"约束"自己，"塑造"自己，并不是一件容易的事，有时要经过激烈的思想斗争才能说服自己，潜意识中的已有价值观和心智模式无形地指导我们的行动。假如某位华为人从小就立志当一个世界一流的原创性的科学家，二十多年的学生生涯养成两耳不闻窗外事、一心只读科学书的习惯，只对科学技术感兴趣，其他事很难引起他的注意。现在要其聚焦客户，除非他自觉地以理性时时提醒自己，否则是办不到的。

又如某位华为人，很想得到公司的认同和重用，但是非常在乎个人的生活原则——快乐。然而由于华为出生在发展中的中国，处在一个世界顶尖霸主林立的行业，华为又生性不甘落后，要后来者居上，就注定华为人必须有艰苦奋斗的品格才能被认同，必须做出优异的贡献才能被赋予重任。个人生活的"快乐"原则，面对公司的"奋斗 + 贡献"的文化，如何妥协？如何平衡把握其中的"度"？也是要作一番思想斗争的。这个过程就是一种自我批判，是一种理智自我疏导的过程。

人类拥有的最大的智慧就是洞悉、分析事物本质。但是，我们对事物本质的认知，只能在实践中逐步接近真实，走的就是肯定——否定之否定——再肯定的动态自我批判历程。认知过程中多层思考，多方观察，其中"为什么"一词具有重要的价值。然而，"智者千虑，总有一失"，只要做事、失误是难免的。关键是要在团队内、组织内建立降低失败概率和不屡犯类似错误的文化和防范机制，自我批判的自觉就是其中的文化。

第 7 章

情绪管理：
利用情绪的力量

第一，要耐得寂寞；第二，要受得委屈；第三，要懂得灰色。

——任正非

» 第一节 EQ 大于 IQ

当情商（EQ）初次出现在人们的话题中时，通常是那些奇怪发现中所缺失的一环：拥有平均水平智商的人通常比高智商人士表现得更出色，比例达到 70%。这种"不正常"的现象使得大量认为"智商是成功的唯一要素"的假设发生了改变。

什么是情商？

情商又称情绪智力，是心理学家们提出的与智力和智商相对应的概念。它主要是指人在情绪、情感、意志、耐受挫折等方面的品质。以往认为，一个人能否在一生中取得成就，智力水平是第一重要的，即智商越高，取得成就的可能性就越大。但现在心理学家们普遍认为，情商水平的高低对一个人能否取得成功也有着重大的影响作用，有时其作用甚至要超过智力水平。那么，到底什么是情商呢？

1983 年，有关情商的启蒙学说问世。那是哈佛大学心理学家霍华德·加德纳在《精神状态》一书中提出的一种理论，并说人类具有多元智慧。这一理论被大家普遍认可。

1990 年，耶鲁大学的心理学家彼得·萨洛维博士和新罕布什尔大学的约翰·梅耶博士首次正式提出有关情商的概念。他们认为：所谓情商就是情绪智力，包括个人的恒心、毅力、忍耐、直觉、抗挫力、合作精神等方面的内容，情商与人的心理素质密切相关，它是一个人感受、理解、控制、运用自己以及他人情绪的一种情感能力。但并没有引起全球范围内的关注。

1995 年 10 月，美国《纽约时报》专栏作家丹尼尔·戈尔曼出版了

《情绪智力》一书，将情绪智力这一新的研究成果介绍给大众，该书迅速成为全球范围内的畅销书。一时间，"情绪智力"这一概念在世界各地得到广泛的宣传。

情商的水平不像智力水平那样可用测验分数较准确地表示出来，它只能根据个人的综合表现进行判断。美国心理学家认为，情商包括以下几个方面的内容：一是认识自身的情绪，因为只有认识自己，才能成为自己生活的主宰；二是能妥善管理自己的情绪，即能调控自己；三是自我激励，它能够使人走出生命中的低潮，重新出发；四是认知他人的情绪，这是与他人正常交往，实现顺利沟通的基础；五是人际关系的管理，即领导和管理能力。

要理解情商，只需要画一个二维坐标（见图7.1）：X轴左边是自我，右边是他人，Y轴上边是意识，下边是行动。由X轴和Y轴构成了四个象限，分别是：对他人意识的认知能力；对自我的认知能力；对自我行动的驱动和控制力；对他人行为的影响力。丹尼尔·戈尔曼把这四种能力概括为情商的五要素：自我意识、同理心、自控力、内驱力和社交技能，其中自控力和内驱力位于第三象限。

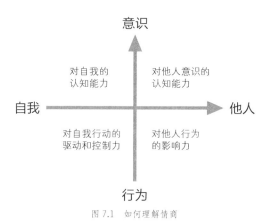

图 7.1　如何理解情商

心理学家们认为，情商水平高的人具有如下的特点：社交能力强，外向而愉快，不易陷入恐惧或伤感，对事业较投入，为人正直，富于同情心，情感生活较丰富但不逾矩，无论是独处还是与许多人在一起时都能怡然自得。

研究表明，拥有良好情感智力的人之所以能够达到事业的顶峰，是因为他们充满自信，深谙自我激励的奥妙。他们不会受到失去控制的情感的支配。他们也许会因为挫折而失望，但是他们能够迅速地发现它的危害性并战胜它。

然而，仅仅能够掌控自己的内心世界还远远不够。拥有良好情感智力的人，还必须能非常机敏地向外部世界表达他们的感情。对他人的移情作用，使得他们能够在工作中理解他人，以至于影响他人。

"学渣"比学霸更容易成功？

常有人打趣：当个学霸怎么了？毕业后还不是给"学渣"打工。西南财经大学统计了我国小微企业主的学历水平，还真从某些侧面证明了这个观点。在我国小微企业主中，初中及以下学历的人数占了63.7%。而研究生及以上学历的小老板只有0.2%，远低于该学历人群占总人口的比例。此外，别看不上贴膜、卖肉夹馍之类的街边小摊，他们赚的钱可能比白领多很多。

据统计，全中国资产前10%的富人中，小微企业家庭占了约四分之一；而在前0.5%的顶尖富豪中，有66.9%都是小微企业家庭！小微企业目前已占全国GDP总量的四分之一。更尴尬的是，高学历的博士生、研究生们所创立的小微企业能够盈利的只有19.8%，而初中生们创立的小微企业中，虽然技术含量可能低点，但却有81%是盈利的。

这钱当然不是从天而降。小微企业主们常常诉苦："赚的都是辛苦钱，24小时待命，全年无休。"数据也证明了这一点：他们平均每周要工作6.3天。

为啥学历高的人反而当老板的少呢？中国传统是"学而优则仕"。学历越高，越容易得到稳定的职业。毕竟下海创业经商，风险大成本高。[①]

我们可以盘点一下那些著名的"学渣"们。马云，1982年，当18岁的马云参加高考的时候，他经历了第一次高考落榜；1983年，马云再次参加高考，再次落榜；直到1984年，第三次高考，勉强被杭州师范学院以专科生录取。

周杰伦，因叛逆、贪玩而耽误了学业最终与大学失之交臂，为了生计，他到一家餐馆去打工。1997年，周杰伦参加《超猛新人王》演出。后来，吴宗宪找到周杰伦，邀请他到"阿尔法音乐公司"做音乐助理。

江苏卫视《非诚勿扰》主持人孟非在节目中自曝自己当年是著名的"学渣"。

甲骨文总裁埃里森更是一个著名的"学渣"，他在耶鲁大学演讲时这样说道："说实话，今天我站在这里，并没有看到一千个毕业生的灿烂未来。我没有看到一千个行业的一千名卓越领导者，我只看到了一千个失败者。你们感到沮丧，这是可以理解的。为什么，我，埃里森，一个退学生，竟然在美国最具声望的学府里这样厚颜地散布异端？

我来告诉你原因。因为，我，埃里森，这个行星上第二富有的人，是个退学生，而你不是。因为比尔·盖茨，这个行星上最富有的人——就目前而言——是个退学生，而你不是。因为艾伦，这个行星上第三

---

① 魔鬼经济学："学渣"比学霸更善于创业［EB/OL］.(2014-07-04).http://new.qq.com/cmsn/20140704/20140704018112.

富有的人，也退了学，而你没有。再来一点证据吧，因为戴尔，这个行星上第九富有的人——他的排位还在不断上升，也是个退学生。而你，不是。"

在开放与迅速变化的时代，人们的成功不仅取决于智力高低，而且取决于能否赢取别人的支持，从而使自己的能力得到延伸。所以，情商的力量便成为一个人能力的重要组成部分。美国一位企业人事主管深有体悟地说："IQ 高，可以让你找到工作；但 EQ 高，才能使你步步高升。"

理解 IQ 与 EQ 关系的关键

多年以来，人们一直认为高智商可以决定高成就。有没有"智商一般，但情商很高"的人在事业上大获成功的例子呢？当然有。这样的例子举不胜举，最典型的要算历届美国总统了。

最负盛名的富兰克林·罗斯福、乔治·华盛顿和西奥多·罗斯福都是"二流智商，一流情商"的代表人物。约翰·肯尼迪和罗纳德·威尔逊·里根的智商只属中流，但却因为善于交朋结友而被许多美国人誉为"最优秀、最可亲的领袖"。而自小就有"神童"之称的理查德·米尔豪斯·尼克松、伍德罗·威尔逊和赫伯特·C.胡佛，却由于情商一团糟，不善与他人合作而声望不高，黯然下台。至于比尔·克林顿总统，据分析也是个"智商高，但情商平平"的人物，无怪乎常常陷入或与公众作对或过分讨好公众的尴尬之中。

在校学习好的学生，一般是 IQ 比较高的学生，而走向社会的成功人士，多半又都是 EQ 较高的人，这一"悖论"如何解释呢？ IQ 基本上代表了一个人的学习能力、知识水平与文化高低。它与一个人的智力水平成正比。从心理学的角度讲，它是人的认知水平，包括感知能力、记忆能力、思维品质（即思维的批判性、广阔性、深刻性、灵活性、创造性等）与想象能力。而 EQ 则体现了一个人的兴趣、爱好、自制力、耐挫力、交往与沟通能力以及追求成功的毅力等等。从心理学的角度讲，它是人的动力系统和调节系统。

情商主要与非理性因素有关，它影响着认识和实践活动的动力。它通过影响人的兴趣、意志、毅力，加强或弱化认识事物的驱动力。智商不高而情商较高的人，学习效率虽然不如高智商者，但是，有时能比高智商者学得更好，成就更大。因为锲而不舍的精神使其勤能补拙。另外，情商是自我和他人情感把握和调节的一种能力，因此，对人际关系的处理有较大影响。其作用与社会生活、人际关系、健康状况、婚姻状况有密切关联。人类本身就是一个大的社会群体，一个人智商再高，无法处理周边的人际关系，试问，你如何生存下去？情商低的人人际关系紧张，婚姻容易破裂，领导水平不高。而情商较高的人，通常有较健康的情绪，有较完满的婚姻和家庭，有良好的人际关系，容易成为某个部门的领导人，具有较高的领导管理能力。

总之，智商更多地反映了个体的生物学特性，而情商更多地反映了个体的社会学特性。我们经常看到这样的人，受过高等教育，他的智商使他具有非常丰富的知识，使他能顺利地到一个单位就职或者从事一项研究工作。如果他情商高，情绪稳定，适应环境能力强，对外界和上司、同事没有过分苛求，对自己有适当的评价，不因外界的影响而"热胀冷缩"，在受到挫败时能"重整旗鼓"，并能不断提高自身心理素质，从不怨天尤人或悲观失望。这样他的智商和潜能就能得到充分发挥，在工作中游刃有余，走向成功。反之，一个人智商虽高，却以此自负，情商低下，昼夜为自己周围并不理想的环境所困扰，那他的结局或是愤世嫉俗、孤芳自赏，与社会、公司、同事融不到一起；或高不成低不就，一辈子碌碌无为；或是走上邪门歪道，毁于高智商犯罪。由此可见，一个人成功与否，情商与智商一样重要。

任正非表示：

> 第一，要耐得寂寞；第二，要受得委屈；第三，要懂得灰色。华为公司的干部要淡泊名利，踏踏实实做事，用平和的心态去面对未来。华为公司只有一个鲜明的价值主张，那就是为客户服务。大家不要把自己的职业通道看得太重，这样的人在华为公司一定不会成功；相反，只有不断奋斗的人、不断为客户服务的人，才可能找到自己的机会。

» 第二节 认识自己，爱上不完美

古代日本，一位好斗的武士去问一位禅师，何谓极乐世界、何谓地狱。禅师看都没看他一眼，叱责道：

"粗鄙的武夫，何足论道？"

武士感到受了极大的侮辱，暴跳如雷，拔出长刀，吼道：

"如此无礼，我杀了你！"

禅师还是没有看他一眼，很平静地说了一句：

"彼为地狱！"

武士如同雷击，呆住了！他突然意识到，禅师所说的地狱就是指他受到了愤怒的控制。他很快就平静了下来，将刀归鞘，向禅师深深鞠了一躬，感谢他对自己的指点！

禅师微笑着又说道：

"彼为极乐世界！"

武士顿悟到自身情绪的波动造成了情绪失控与意识到被情绪控制之间的天差地别。苏格拉底的警句"认识你自己"，揭示了情绪智力的基石——意识到自身情绪的发生。

这里所说的"认识你自己"，是指认识自己的情感资源，包括情感的优点和缺点，情商的高低，以及自己有什么情感倾向和障碍等。

秦朝末年，项羽和刘邦两人各自带领队伍推翻了秦朝政权。后来两人又争夺天下，也就是历史上的楚汉相争。项羽是所向披靡的西楚霸王，天下第一英雄；而刘邦则是一个屡败屡战、打不过就跑的汉中王。

然而，项羽有勇无谋，任性，不能控制自己的情绪。他动辄大怒，率性而为，有功不赏，当断不断。相反，地痞流氓出身的刘邦，尽管最初缺点很多，而且轻视文人，但在张良等人的指点下，他很快意识到自己的问题，对自己的情感、情绪及其后果进行了反思，并且进行了根本性的调整。最后，刘邦竟然让项羽兵败垓下，成为汉代的开国皇帝。

假设项羽能像刘邦一样认识自己的情感、情绪，并及时进行反思和调整，历史也许就会被改写。

人们常说"人贵自知"，但很少有人能够做到这一点，而刘邦却做到了。一个好的领导要掌握一批人才，把他们放在适当的位置上，让他们最大限度地发挥自己的积极性。刘邦深谙此理，他让韩信带兵，张良出谋，萧何管理后勤，将所有的工作安排得有条不紊，刘邦也因此而成为这个集团的领导核心。

由此可见，能够认知自己的情感资源是十分必要的。①

身为中国著名企业家、投资家，柳传志获得过的荣誉数不胜数，有人问他，如何看待这些光环。"我总是提醒自己：我是谁？我是再普通不过的一个人！智商以前是中上，现在记忆力衰退了，智力水平大约要进入中下水平了，我的情商还算不错。是遇到了改革开放的大好环境，有追求有能力的人才有机会成功。"柳传志说，"现在我们的营业额能进入世界 500 强，排到 400 位左右，但还有其他差很远的地方。我总是提醒自己这些，所以再多的荣誉，我现在也骄傲不起来。"

"满大街一抓一大把的普通人！不过运气不错，智商一般，但是个福将。"这是马云在博客上的自我介绍。马云曾这样说过："我觉得一般来讲比较自负的人情商都低，把自负、把自己降低以后，情商就会高起来，眼光看高以后，你觉得这个不顺眼，那个不顺眼，有的时候把自己降低以后情商自然就会高起来了。"

任正非在其文章《不要试图做完人》中这样写道："不要做一个完人，做完人很痛苦的。要充分发挥自己的优点，使自己充满信心去做一个有益于社会的人。金无足赤，人无完人。完人实际上是很少的，我不希望大家去做一个完人。大家要充分发挥自己的优点，做一个有益于社会的人，这已经很不错了。我们为了修炼做一个完人，抹去了身上许多的棱角，自己的优势往往被压抑了，成了一个被驯服的工具。但外部的压抑并不会使人的本性完全消失，人内在本性的优势，与外在完人的表现形式，不断地形成内心冲突，使人非常地痛苦。我希望把你的优势充分发挥出来，贡献于社会，贡献于集体，贡献于我们的事业。每个人的优势加在一起，就可以形成一个具有'完人'特质的集体。"

---

① 马晓晗.高情商团队的五项修炼［J］.培训，2008.

秘书每天要接待许多不同的人，处理很多不同的事，难免被责备、被批评、被误解。华为部门秘书席倩还记得自己有一次发错了邮件，"看着满屏的回复我手足无措，有批评的，有挑错的，我眼泪都快出来了"。

坐在旁边的主管看见了，问她怎么了，席倩好像找到了情绪的宣泄出口，各种感受涌上心头。主管安慰她："只要认真做，慢慢来，大家会认可你的。"从那以后，席倩做事更认真，也学会了控制自己的情绪，工作上犯的错误越来越少。

"我们不要坏情绪，"负责员工关系的秘书李静说，"我们要给你像大白（电影《超能陆战队》中的虚拟人物，一个白色医疗机器人）一样的问候。"

» 第三节 不做极端情绪的奴隶

自柏拉图时代以来，自制克己，面对命运之神的打击，安然经受住情绪的风暴，避免沦为"激情的奴隶"，一直被认为是一种美德。罗马与早期的基督教会则称之为"节制"，意指避免任何过度的情绪反应。其中的关键是均衡而不是情感的压抑，要知道任何一种情感反应都有其意义与价值。人生如果没有激情将成为荒原，失去生命本身的丰富价值。然而正如亚里士多德所说的，我们需要的是恰当的情绪，对环境恰如其分的感知。情绪过于模糊，就会产生乏味、隔离；情绪失去控制，过于极端，持续时间过长，就会变成一种病态，比如常态性抑郁、过度焦虑和愤怒，以及躁狂症等。

对于高"情商"的人来说，真正的成功是不论处于逆境还是顺境，都能保持情绪平静和快乐，而常人所见的成功（诸如事业成功、学业成功、婚姻成功、人际交往成功等等）不过是他们生活成功的副产品。高"情商"强调驾驭自己，控制情绪对认识的作用，运用思想对情感的作用，从而协调二者的关系以争取成功。这是一种很深刻的智慧。而"智商"却仅仅强调单一的智力活动，割断了理智与情感的关系，因而难于获得成功。

让我们看一则经典的情绪事件——EMC 大中华区总裁和他的秘书之间的故事。

有一天，EMC 大中华区总裁陆纯初忘了带办公室钥匙，但他的高级秘书瑞贝卡没有在下班后回来帮他开门，让这位总裁进不了门。因而秘书瑞贝卡在凌晨收到了顶头上司陆纯初措辞严厉的斥责邮件。

陆纯初在用英文写的邮件中说："我曾告诉过你，想东西、做事情不要想当然！结果今天晚上你就把我锁在门外，我要取的东西都还在办公室里。问题在于你自以为是地认为我随身带了钥匙。从现在起，无论是午餐时段还是晚上下班后，你要跟你服务的每一名经理都确认无事后才能离开办公室，明白了吗？"

虽然人在公司屋檐下，但瑞贝卡的与众不同之处就在于，她并没有像绝大多数下属那样选择当面低头、背后发牢骚的做法，而是在两天后出人意料、语气强硬地给上司回信声明。于是，一场下属 PK 上司的好戏上演了。

如果你是瑞贝卡，你会怎么做呢？让我们看看瑞贝卡的回信……

秘书瑞贝卡在邮件中回复说："第一，我做这件事是完全正确的，我锁门是从安全角度上考虑的，如果一旦丢了东西，我无法承担这个责任。第二，你有钥匙，你自己忘了带，还要说别人不对，请不要把自己的错误转移到别人的身上。第三，你无权干涉和控制我的私人时间，我一天就 8 小时工作时间，请你记住，中午和晚上下班的时间都是我的私人时间。第四，从到 EMC 的第一天到现在为止，我工作尽职尽责，也加过很多次班，我没有任何怨言，但是如果你们要求我加班是为了工作以外的事情，我无法做到。第五，虽然咱们是上下级的关系，也请你注意一下你说话的语气，这是做人最基本的礼貌问题。第六，我要在这里强调一下，我并没有猜想或者假定什么，因为我没有这个时间也没有这个必要。"

这封咄咄逼人的回信已经够令人吃惊了，但是瑞贝卡选择了更加过火的做法——她回信的对象选择了 EMC 中国公司的所有员工。之后两星期，这封信被无数次转发，并为她在网络上赢得了"史上最牛女秘书"的称号。邮件被转发出 EMC 不久，陆纯初就更换了秘书，瑞贝卡也离开了公司，EMC 内部对此事噤若寒蝉。

这件事情后来在互联网上掀起了大讨论。其实，这是一个典型的情绪事件，如果能管理好情绪，这本是件很容易处理的事情。

人都是情感动物，老板也有情感。沟通一定要主动，不一定非要在工作时，还可以在非工作场合进行，如在郊游时、在生日会上，这样好多问题都会迎刃而解。秘书瑞贝卡如果改变自己的认知，就会觉得总裁陆纯初的做法也是正常的。工作中的特殊情况（如突发事件）应该特殊

对待。 [①]

　　另一则经典的情绪事件发生在南京的一位单身父亲身上，他失手打死了年仅 13 岁的女儿。

　　事发当天，父亲郑某提前买菜在家中做好晚饭，准备等女儿倩倩回来共进晚餐。由于等待太久，郑某一个人喝起了闷酒，想等女儿回家后教训一下孩子，结果却把女儿打得吐血倒地，急送医院抢救后不治身亡。

　　郑某与自己的父母兄弟关系不和，离婚后一个人抚育孩子，但几乎所有认识郑某的邻居都觉得，郑某很爱自己的女儿。不管刮风下雨，每天早晨 7 点多，郑某都会买好早饭，骑着电动车送女儿上学。过年以后，为使女儿好好学习，郑某还辞掉了先前一份在饭店的工作，专心在家照顾女儿。

　　可是，这么深爱自己孩子的父亲，怎么就打死了自己的女儿呢？这与这位父亲的极端情绪有着密切的关系。

　　从情绪的动力性来看，它有"增力"和"减力"两极。一般来说，需要得到满足时产生的积极情绪是"增力"的，可提高个体的活力；得不到满足时产生的消极情绪是"减力"的，会降低个体的活动能力。比如，父母期望孩子成才，一旦孩子表现有出息，如父母所愿，他们就会产生积极的、肯定的情感体验，觉得为孩子再苦也幸福；一旦孩子不争气，不如父母所愿，他们必然产生消极的、否定的情感体验，常常为孩子而忧心忡忡。

　　从情绪的组织功能来看，情绪具有积极情绪的协调作用和消极情绪的破坏、瓦解作用。当个体处在积极、乐观的情绪状态中时，容易注意到事物美好的一面，愿意接纳、包容一切；当个体处于消极的情绪状态

---

① 史上最牛女秘书邮件单挑老板"邮件门"传遍外企圈［EB/OL］.(2006-04-25).http://news.sohu.com/20060425/n242980685.shtml.

中时，容易失望、悲观，放弃自己的愿望，甚至产生具有攻击性的行为。正如上文提到的那位父亲，一直处于消极情绪之中：离婚后一个人抚育孩子，与自己的父母兄弟关系不和，更主要的是他的孩子"不省心"。事发当天，他做好晚饭等孩子回家吃饭，孩子却"无缘无故"地晚归，这个心境极差的男人的极端情绪就被"引爆"了，结果酿成惨剧。①

任正非表示：

> 各级干部要有崇高的使命感和责任意识，要热烈而镇定，紧张而有秩序。"治大国如烹小鲜"，千万不要有浮躁的情绪。戒骄戒躁，收敛自我，少一些冲动，多一些理智。干部要学会做人，特别是负有主要责任的高级干部，要提高个人及组织的素质，要有文化有涵养。做事可以轰轰烈烈，但做人必须收敛。

» 第四节 做情绪的主人

成吉思汗"盛怒杀鹰"的故事很多人都听过。成吉思汗带着心爱的老鹰上山打猎，干渴难耐时发现一处滴水山泉，他耐着性子用杯子接下

---

① 极端情绪酿惨剧［EB/OL］.(2014-12-03).http://edu.163.com/14/1203107/ACH9I9VI00294M9N.html.

滴滴泉水，好不容易接满水准备喝时，老鹰却把杯子扑翻，多次反复。成吉思汗勃然大怒，他拔刀杀了老鹰。之后他才发现，原来老鹰不让他喝水并不是出于逗弄，而是因为所谓"水源"其实是毒蛇口中的毒液。

如果用情商理论来分析，成吉思汗在盛怒的那一刻已经被"情绪绑架"，也就是情绪阻断了逻辑思考中心，通常在这个状况下我们处理问题都是凭借一时之气。但这并不意味着我们对此束手无策，我们可以利用几秒钟的时间来转移情绪，就是在情绪到达顶峰，即将爆发的时刻再等几秒钟，想想这样做的得与失是什么，后果是什么，以及自己能否承担这个后果。

"世界如此美妙，我却如此暴躁，这样不好，不好。"这是《武林外传》里姚晨所饰演的郭芙蓉的台词，这位客栈里的小杂役一发脾气，想使"排山倒海"这招的时候就一边运气一边这样告诉自己，从心理学的角度看，她就是在学习控制自己的情绪，提高自己的职场情商。[①]

生活本身就是一种承受，欢乐、痛苦、幸福、失落、温馨、孤独……情绪是天使与魔鬼的复合体，关键看我们如何有效地调整控制自己的情绪，做情绪的主人。

情绪控制住了你?

多年前的一个夜晚，一个年轻人心情烦躁地走到悬崖边。他对无聊而平淡的生活失去了信心，感到这样的生活没有任何意义，他厌倦了人世间的艰辛和孤独，决定跳下悬崖了断自己的一生。

他在悬崖边伫立了很久，就在决定跳下去的那一刹那，突然有声音

---

① 职场情商，助你快乐工作［N］.成都商报，2007.

隐隐传来，他侧耳倾听，原来是婴儿稚嫩的啼哭声。

顿时，一种从未有过的激动感从他内心深处迸发出来，让他真切地明白，若是就这么轻易地结束了自己的生命，真的是对不住父母的生养之恩，有愧于为人之子的道德。于是他改变想法，极力从诱惑他自杀的死神魔爪中挣脱出来，循着哭声奔去。

从此以后，他非常珍惜自己的生命，发愤读书，拼搏进取，越挫越勇，终成大器，从而造就了人生的辉煌。

这位欲跳崖自杀的年轻人就是后来成为俄国伟大文学家的屠格涅夫。

每个人都有情绪变化周期，这是很正常的。你是否有过这样的体验，高兴了几天之后，情绪会变得很平淡，甚至会变得很差。但是我们不能让坏的情绪影响到正常的工作和学习，所以学会调控自己的情绪很重要。

"冲动是魔鬼。"很多人都知道拿破仑惊心动魄的作战故事，却很少有人知道他最终失势的过程。这个战功赫赫的将军，面对强大敌人的时候，会激起无穷的斗志，但是面对深奥的处世哲学的时候，他却沉不住气，最终葬送了自己的辉煌战果，让所有的努力化作灰烬。即便在拿破仑得胜的时候，仍有很多反对他的人，其中一位就是外交大臣塔列朗。

拿破仑为了查明真相，派出了很多间谍，结果证实塔列朗确实从事着秘密谋反的活动，为此拿破仑专程从西班牙赶回巴黎。拿破仑抵达巴黎后，立刻召集了所有的大臣。他表现得异常慌乱和不安，旁敲侧击地提到塔列朗的密谋计划。此时的塔列朗却表现得非常镇定，他对拿破仑的言论没有任何反应，反而装作一无所知的样子。

塔列朗的表现激起了拿破仑的愤怒，他当着众臣的面，逼近塔列朗说："我知道有的人希望我死掉！"塔列朗不动声色，满脸疑惑地看着他。此时的拿破仑已经达到了忍耐的极限，他当着群臣的面，怒斥塔列朗的罪行，他用最难听的语言咒骂塔列朗，愤怒的情绪让拿破仑失去了理智，最终愤然离去。

塔列朗泰然自若地对其他大臣说："今天我觉得真是遗憾，各位绅士，这样伟大的人物居然会如此没有礼貌。"拿破仑的失态和塔列朗的镇静形成了强烈的对比，这次事件很快就传播开来，拿破仑在人们心目中无往不胜的形象受到了影响，人们开始怀疑这个伟大的人物。

到底该不该合理地控制"冲动"，每个人都有自己的一套看法，无法盖棺论定。但是在职场中，当你被激怒，心怀怨愤等各种负面情绪时，此刻的冲动的确是魔鬼，是该让这种情绪冷却一下。只要你是个职场中人，就免不了会遇到很多的人和事。要理智地控制自己的情绪，做自己情绪的主人，保持平和的心境，与同事友好相处。

美国心理学界也在进行相关的"情绪管理"研究。研究表明，能够控制情绪是大多数工作的一项基本要求，尤其在管理、服务行业更是如此。同样，在中国这样一个自古讲究"君子之交"的社会中，学会自我调节，是保持良好人际关系，获取成功的一个重要条件。

很少有人生来就能控制情绪，但在日常生活中，人们应该学着去适应。首先，在遇到较强的情绪刺激时，应采取"缓兵之计"，强迫自己冷静下来，迅速分析一下事情的前因后果，再采取行动，尽量别让自己陷入冲动鲁莽、简单轻率的被动局面。比如，当被别人讽刺、嘲笑时，如果立刻生气，反唇相讥，则很可能引起双方争执，伤了和气。但如果此时用沉默为武器以示抗议，或只用寥寥数语正面表达自己受到的伤害，对方反而会感到尴尬。其次，平时最好多读一些中国传统文化的书籍，里面有很多指导人际交往和个人修养的方法。还可以进行一些有针对性的训练，培养自己的耐性，例如练字、绘画等。

大多数成功的人，都能够对情绪收放自如。这时候，情绪已不仅仅是一种情感的表达，更是一种重要的生存智慧。如果无法控制自己的不良情绪，随心所欲，为所欲为，就会给自己带来毁灭性的灾害。若能够很好地控制自己的情绪，就会化险为夷。

在荣誉与失败面前，要平静得像一潭湖水，任正非在市场庆功及科研成果表彰大会上曾这样讲道："世界上我最佩服的勇士是蜘蛛，不管狂风暴雨，不畏任何艰难困苦，不管网破碎多少次，它仍孜孜不倦地用它纤细的丝织补。数千年来没有人去赞美蜘蛛，它们仍然勤奋，不屈不挠，生生不息。我最欣赏的是蜜蜂，由于它给人们蜂蜜，尽管它有时会蜇人，人们还是对它赞不绝口。不管您如何称赞，蜜蜂仍孜孜不倦地酿蜜，天天埋头苦干，并不因为赞美产蜜就少一些。胜不骄，败不馁的精神从它们身上完全体现出来了。在荣誉与失败面前，平静得像一潭湖水，这就是华为人应具有的心胸与内涵。"

情绪的阻碍作用

我国古代有这样一则寓言故事。一天，师傅正在传授徒弟射箭的技巧，师傅问："你的臂力强吗？""当然了！七石的弓（古代以石论弓的强度），我常把弓拉满几个时辰都不放。"徒弟答。"很好！现在我要你把箭射出去！看看你能射多远！"师傅说道。信心百倍的徒弟忙用自己拉满的七石的弓将箭射了出去。师傅看后，也跟着射出一箭，用的是自己六石的弓，但是却比徒弟射的远得多。看着徒弟惊讶的表情，师傅开口了："强弓要虚的时候多，满的时候少，才能维持弹性，成为强弓。倘若弦总是被拉紧的，就不可能射出有力的箭了。"

原来，箭射得是否够远，并不单单依靠弓的强度，绷得越紧的弦就越容易断。人的精神又何尝不是如此呢？如果一味将自己置身于紧张的学习、工作中而不得丝毫休息的时间，忽略我们自身的生理和心理的承受压力，那就得不偿失了，甚至会本末倒置。适当放松自己，很多困难便会迎刃而解。

任正非表示："生活的评价是会有误差的，但绝不至于颠倒黑白，差之千里。要承受得起做好事后受委屈，没有一定的承受能力，今后如何能挑大梁？公司努力确保机会均等，而机遇偏偏惠顾踏踏实实工作的人。"

思想乐观，情绪也就积极了

才貌双全的林黛玉，因其性格多愁善感，忧郁猜疑，最终积郁成疾，呕血身亡。三国时东吴的大都督周瑜，因为妒忌多疑、心胸狭窄，而被诸葛亮活活气死。与他们相反的是跨世纪的女作家冰心，她一生淡泊名利，崇尚简朴，不奢求过高的物质享受，在和谐的环境中与人相处，在微笑中勤奋写作。她的健康长寿、事业辉煌主要得益于开朗、豁达的性格。

思想乐观，情绪也就积极了。丹尼尔·戈尔曼和被誉为"积极心理学之父"的马丁·塞利格曼（Martin Seligman）强调，人不管是处理消极情绪还是建立积极情绪，思维方式很重要。

戈尔曼举了一些例子来说明。一些经常忧虑的人工作的时候，执行效果往往很差。因为在他们的思维里有个想法——"我做不好"或是"这件事不是我擅长的"。其实，这些人只要稍微加些技巧来减少他们的消极思想，如放松练习（可以减少身体对忧虑的反应度）、幽默疗法（愉悦的情绪可以活跃思维）、挑战性思考法（这种认知疗法可以促使我们重新去评估消极思想的弊端，从而代之以更平衡、更积极的思想）

等，就可以很容易让他们重新回到工作，而且工作效率也会很高。

塞利格曼指出，人思考问题的方式会影响人的情绪（积极或是消极），我们有些人习惯性地带着悲观的思维方式，消极情绪也就随之产生，积极情绪自然只能退后。

尼克·胡哲（Nick Vujicic）生于澳大利亚，天生没有四肢，这种罕见的现象医学上称为"海豹肢症"，然而不可思议的是，骑马、打鼓、游泳、足球，尼克样样皆能，在他看来没有难成的事。他拥有两个大学学位，是一名企业总监，更于2005年获得"澳大利亚年度青年"称号。为人乐观幽默、坚毅不屈，热爱鼓励身边的人，年仅32岁（注：2014年32岁），他已踏遍世界各地，接触逾百万人，激励和启发他们的人生。

在成长过程中，尼克学会了怎样应付自身的不足，尝试自己做越来越多的事情，他开始适应他的生存环境，找到方法做到其他人必须要用手足才可以完成的事情，像刷牙、洗头、使用电脑、游泳、做运动和其他更多的事情。2005年尼克被授予"澳大利亚年度青年"的荣誉称号，这是一项很大的荣誉。尼克鼓励每个人勇于面对并改变生活，开始完成人生梦想的征程。点点滴滴的努力，令人难以置信的幽默和与人们沟通的能力，使尼克深受青少年的喜爱。尼克是真正的使人倍受鼓舞的演说家。

一定要记住，不管在人生中遭受什么样的打击，不管你处在怎样的逆境，你都要保持一种必胜的信念，对前途充满信心；但是现实生活又是很复杂、很残酷的，你要能够直面它。这就是现实的乐观主义。

"积极心理学之父"马丁·塞利格曼做了一些有关乐观主义和悲观主义的研究。他发现，就目标设定而言，悲观主义者不论对于他们的短期目标，还是长期目标都很现实。乐观主义者则与之相反。他们在短期目标的设定上并不现实，但对于长期目标就很现实。

当悲观主义者有某个目标时，他们的期望低，信念不高。他们不认为自己能做好，积极性低。他们的大脑寻求一致，他们的表现通常取决于他们的信念和期望。他们的理解是："我早就跟你说了我做不好。"于是其他人都异口同声地说："是的，你早就跟我们这么说了，你这样现实真是好啊。"但有时悲观主义者超出了自身的期望，取得了成功，那么又会怎么样呢？这时的解释是，只是走运而已。于是，大脑在寻求一致，一次又一次地重复这个循环。然后再一次变得现实，不成功的现实，于是他们在短期目标和长期目标上都很现实。

乐观主义者一开始有着很高的信念和很高的期望，积极性非常高，他们的大脑寻求一致性表现，然而表现得却没期望中的那么好。换言之，就是不现实。但是由于信念水平很高，他们的主观解释是："好吧，如果我从中吸取了教训会怎么样？这是个机会，我这次做得好多了，我指出了哪些方法是不可行的。"然后他们继续如此，但外界的声音就会争吵说："不是吧，真的吗？你为什么就不能现实点，像你的好兄弟或者好姐妹，悲观主义者那样。"

但是他们坚信自己能做到，于是一次又一次地继续坚持，继续努力。5 次、10 次、5000 次，甚至 10000 次，锲而不舍，直到他们带来了"不现实的现实"并让它成真，和他们的信念相一致了，即使在短期看来，现实可能不一致。

19 世纪 70 年代，整个科学界都在研究灯泡，研究如何用电发光，但无一有所收获，爱迪生也不例外。当地报纸的一名记者前去采访爱迪生，当时爱迪生已经非常有名了，发明了很多东西，他们谈论了各种话题后，记者问了爱迪生关于灯泡的问题："爱迪生先生，您致力于灯泡研究许多年了，整个科学界都在进行相同的研究，但一无所获。"当时爱迪生已经进行了 5000 次实验，这位记者也知道，于是他对爱迪生说："爱迪生先生，您已经进行了 5000 次实验，失败了 5000 次，放弃吧。"爱迪生回答说："我没有失败 5000 次，而是成功了 5000 次，我成功证明了哪些方法行不通。"

同样的客观现实，对于 5000 次失败，却有完全不同的解读。爱迪生在发明灯泡前就宣布，他将在 1879 年 12 月 31 日展示灯泡，1879 年 12 月 31 日，爱迪生如期向世界展示了如何用电发光。

事实上，爱迪生失败了不止 5000 次才最终发明了灯泡，他不是干坐在实验室说"相信就能做到"，而是"我相信，而且我会加倍努力，满怀斗志地工作"，他的一条名言是"我从失败走向成功"。爱迪生是史上最富创造力、最多产的科学家，他一生申请了 1097 项专利，当今世界的发展大半要归功于他。他是史上最成功、最富创造力的科学家，也是失败次数最多的科学家，这并不是巧合。

思想乐观，情绪也就积极了。高尔基说过："如果工作是快乐的，那么人生就是乐园；如果工作是强制的，那么人生就是地狱。"一个人之所以总是抱怨自己的工作，往往并不是因为他的工作真的有多糟糕，而是因为他没有用一种良好的心情，用一种积极的态度对待自己的工作。

很多人都曾在背后竭力诋毁过自己的上级领导。任正非曾这样说过："您要尊重您的直接领导，尽管您也有能力，甚至更强，否则将来您的部下也不会尊重您。长江后浪总在推前浪。要有系统、有分析地提出您的建议，您是一个有文化者，草率的提议，对您是不负责任，也浪费了别人的时间。特别是新来者，不要下车伊始，动不动就哇啦哇啦。要深入、透彻地分析，找出一个环节的问题，找到解决的办法，踏踏实实地、一点一点地去做，不要哗众取宠。"

越是工作得久，越不敢妄言一个老板的好坏轻重。人都是复杂的动

物，而你的老板之所以走到今天的位置，也必定有其过人之处。你可能
觉得他愚蠢，但他善于忍耐；你觉得他小人得势，但他善于审时度势；
你觉得他情商太低，但他技术过硬；你觉得他一无所长，但他善于对大
老板投其所好、让大老板在愉悦的心情中办公，从而对营造整个公司的
软环境做出了不可磨灭的贡献……

吐槽老板什么的，随便发泄发泄就完了，千万不要天天骂、年年
骂。除了骂出负能量让大家都觉得生不如死以外，解决不了任何问题。
有时间还不如研究一下你老板的管理之道、晋升之路、说话技巧、管理
谋略什么的。

情绪是会扩散的，当你有一个好心情，你周围的人，家
人、朋友、同事也会被你所感染。

华为北京研究所的优秀女员工田力是一个开朗乐观的人。
只要和她相处，你会很容易被她这种积极快乐的情绪所感染。
但当我和她交谈时，我才发现她所经历和承受的并不轻松。田
力的丈夫在外地深造攻读博士，夫妻分隔两地已经七年，她一
个人支撑起整个家，个中滋味很少有人能够体会。在孩子还不
满周岁的时候，田力就承担起了 IPOS V1R0 C07/C08 开发代
表的工作，该版本的进度十分紧张，她常常是项目组中最后一
个离开公司的人。丈夫在外，孩子没人带，田力只好把自己的
父母接过来帮忙照看。

作为 IPOS 维护优化部的部门经理，田力带领 IPOS 维优
团队为客户提供快速有力的保障服务。维优是一项辛苦的工
作，事无巨细，压力大，任何一个小问题如果不及时解决都会
被扩大。为了不影响客户，维优的许多工作都需要在晚上进

行，遇到难题，加班加点更是常事。为了能让大家在困难面前仍有饱满的士气，田力积极与部门员工沟通，关注每位成员的情况；有谁遇到了困难，她总会伸手相助；她积极组织大家参加部门活动，活跃在大家周围，她的笑声感染了周围的每一个人。田力说："虽然我比大家大几岁，但我的心和大家一样年轻，他们就像我的家人。"

"很多时候，负面的情绪是自己造成，而不是外界影响的。当你感到难过、沮丧的时候，你要告诉自己，我不能被坏情绪所控制，努力地让自己往好的方面想，想一些高兴的事情。另外，我还有一个'绝招'，"田力笑道，"就是遗忘，我让自己忘掉过去那些痛苦经历，只留下美好的记忆。情绪是会扩散的，当你有一个好心情，你周围的人，家人、朋友、同事也会被你感染。人生是一种经历，当你回首往事，你会发现那些当时让你难以逾越的困难其实并没那么严重。"

化解自己的不良情绪

一天，著名作家哈里斯和他的朋友在街上闲逛。哈里斯看见一家卖报纸的小摊，就向摊主买了一份报纸，并且很有礼貌地说了一声"谢谢"，没想到这个摊主给了哈里斯一个臭脸。朋友很气愤，当哈里斯跟他朋友又走了一段路后，朋友终于忍不住了，问道："你不认为刚才那个摊贩的态度很差吗？对此你不感到气愤吗？"

哈里斯笑笑说："我每天来他这里买报纸时他都是这样的，这没什么啊！"

朋友更惊讶了："他每天对你的态度都是这样差，你为什么每次都还是很有礼貌地跟他说谢谢呢？"

哈里斯笑着对朋友说："我们何必让别人来影响自己的心情呢！"

是啊！情绪是自己的，何必让别人来左右呢？快乐是自己的，何必让别人来掌控呢？

如何做情绪的主人，化解自己的不良情绪呢？有以下几种做法：

1. 做自己真正喜欢的事

古人如果心中烦恼时，也许会寄情于酒，"与尔同销万古愁"。而作为现代人，你的选择则更多！你可以睡觉、唱歌、跳舞、购物、运动……这些都属于"替代疗法"。

"替代疗法"是一种康复的过程，可以帮助你恢复身心的平衡。首先你需要找到一种适合自己的"替代疗法"，你可以留意一下，自己什么时候压力较大？什么时间又心情舒畅？如果你发现你在购物的时候没有压力的话，那么你就可以用购物来替代；如果发现和家人在一起时心情舒畅，那在烦恼的时候就多和家人相处。

2. 向自己倾诉

心情不好而又没人倾诉的时候，我们还可以对自己倾诉。这绝不是精神紊乱或过度抑郁的表现！跟自己说话是最为安全的发泄苦闷的方式。对心中那个自己说话也一样有效，只要把声音释放出来就行。过去面壁的忏悔者，寺庙中念念有词的祈福者，都是在对自己倾诉的过程中获得解脱。

心理学家指出："当你想要和自己说些什么的时候，通常心理上已经产生了一种应激反应，可以中和不良的情绪。"真正能温暖自己的还是自己的体温。"和自己说话"与"事事都向别人倾诉"相比，前者显然能够为自己留有更多的私人空间。所以，在你找不到倾诉的对象时，不妨试着和自己说说烦恼。

3.在问题发生时，要学会问自己

不好的事情发生时，不妨先问问自己："发生这件事情对我有什么好处？""我可以从中学到什么？""从今以后我应该如何做才能避免发生这样的错误？"失恋后倘若能静下心来，想想男/女朋友为什么一去不回头，可能失恋就变得积极而有益了：假如是自己做得不够好，可以从中汲取教训，以免碰到下一个意中人时又重蹈覆辙；假如是对方不懂得什么样的女孩子值得珍爱，这样的男人又有什么值得自己倾注所有情感的？这样一来，问题自然也就找到出口了。

但反过来，遭遇不顺时有些人经常自问的却是：我怎么这么倒霉？我怎么这么不如别人？不好的情绪犹如乌云，肯定愈加浓密。

4.改变情绪最快的方法就是改变身体状态

要有巅峰的情绪，先要有巅峰的动作；要有巅峰的动作，先要有强烈的、夸张的表情，呼吸状态和走路方法。

一个人高兴的时候，会有高兴的动作：手舞足蹈、愉快的笑容；而一个人不高兴的时候，则会垂头丧气，两眼无神。这说明一个人的心理状态会影响到身体状态。因此，只要我们改变自己身体的状态，就能改变情绪。一个人的肢体动作可以创造情绪。这是身心互动的原理。进一步说，要有愉快的情绪，先要有愉快的动作。要有愉快的动作，先要有强烈的、夸张的表情，呼吸状态和走路方法。

双眼有神，走路快速，腰板挺直。想想成功的人是怎么做的？他们通常都很有朝气，气定神闲。你也要这么做，只要你能做出来，就能感受到自信的情绪了。

延 伸 阅 读

※

Hot Letters 的生活智慧

如果要选美国史上最伟大的总统，林肯通常会排在前三位。他是我十分敬佩的一位政治领袖，不仅因为他解放黑奴、维系国家免于分裂、内战后让国家和解等丰功伟业，更因为他过人的 EQ（情商）。

林肯任内，不但要顶住内战和战争初期战情不利的如山压力，以及政敌无休止的无情攻击和纠缠，还要饱受家事困扰。都说家庭是每个人的避风港，林肯的家庭却只能让他更添惆怅。林肯疼爱孩子，次子和三子却分别在 1850 年及 1862 年早天，而 1862 年正是内战正酣的时候。此外，林肯太太也是出名的恶妻，情绪不稳定，爱发脾气，甚至有点歇斯底里，常以花钱买东西来舒缓压力，林肯得对她不断忍让。烦恼重重，林肯还能冷静地为国家做出一个又一个冷静、理性的决定，EQ 过人，可想而知。

那么，林肯有什么让自己保持心境平静的方法呢？秘诀之一，就是所谓的 "hot letters"。什么是 "hot letters"？且看以下例子。

有一回，脾气火爆的战争部长埃德温·斯坦顿（Edwin Stanton），怒气冲冲地向林肯抱怨一位将军的百般不是，林肯建议他写一封信，把这位将军骂个狗血淋头。

Stanton 果然立刻写了一封措辞激烈的信，拿来给林肯看。林肯看后说，骂得太好了。Stanton 听了，便满心欢喜地要把这封信放进信封里，却被林肯拦住，问他打算怎么做。Stanton 摸不着头脑地回答：当然是把信寄出去。

林肯却说，这封信当然不能寄，应该把它扔进火炉里。凡是生气时写的信，他都是这样处理的。他之所以让 Stanton 写这封信，是要让他发泄一下，消消气，目的达到，信也就不用寄出去了。

林肯是个有血有肉的凡人，也会有愤怒的时候，但他会用 "hot letters" 发泄情绪，以免负面情绪对其他人和事造成无法弥补的伤害。

他会把满腔怨愤在信中尽情抒发，把对方骂个狗血淋头，写完后，心头舒畅，正如前述，他会把信件扔进火炉，又或者把信件放进抽屉，然后好好睡一觉，到第二天醒来，再读一遍，看看是否真有必要寄出。绝大多数时候，冷静下来，答案都是否定的，信件最终没签署，更没寄出。林肯死后，整理遗物时，发现当中有很多类似 "hot letters" 的信件。

话说，北军将领乔治·米德（George Meade）策划的一次重要包围歼灭战中，南军突围逃脱，这令林肯怒不可遏，他写了一封气冲冲的信给 Meade 将军，说战况至此，本来俘虏南军统帅李将军易如反掌，但 Meade 将军最后却功亏一篑，让李将军脱逃；否则的话，战事定能提早结束，如今却相反，变得旷日持久。

但在寄信前，林肯想到这会令 Meade 将军难堪，再一次，他冷静下来后，把信放进一个信封内，并在信封上写上：致 Meade 将军，一封从来没有寄出，也没有签署的信。（To George Meade, never sent or signed）。

又有一次，另一位将军伯尔尼赛德（Ambrose Burside），气得林肯把礼帽掷到地上。林肯给这位将军写了封责备信，然而，他又一次在信封背面写上"不要送出去"的字样。通过写信，愤怒之情获得宣泄，感觉会好得多。他知道，大吵大闹，对解决事情起不到任何作用。

很多年前，我听到林肯"hot letters"的故事，便成了自己珍而重之的生活智慧。当我收到一些让自己十分愤怒的电邮，回复写好之后，我不会第一时间把它发送出去，我会离开座位，先外出逛两圈，喝杯东西（当然不会是酒）；或者找朋友、同事闲聊几句，收拾心情。回到座位后，先处理其他事务，让自己逐渐平静下来，或者回家睡一觉。再次醒来，怒意已消退大半，人也冷静下来，才反复把原先写好的 reply 多看几遍，这时会发觉很多地方用词不当，纯属意气用事，并非心里的真正意思，于是把文字再作修改，或者干脆删掉。

切记，绝大部分电邮，都不是非立即回复不可，怒火攻心时回复的一个电邮，很多时候会让自己悔不当初，覆水难收。

（本文摘编自《Hot Letters 的生活智慧》，作者：蔡子强，来源：南方人物周刊，2014）

链　接

任正非：宽容是领导者的成功之道

为什么要对各级主管说宽容？这同领导的工作性质有关。任何工作，无非涉及两个方面：一是同物打交道，二是同人打交道。

不宽容，不影响同物打交道。一个科学家，性格乖僻，但他的工作只是一个人在实验室里同仪器打交道，那么，不宽容无伤大雅。一个车间里的员工只是同机器打交道，那么，即使他同所有人都合不来，也不妨碍他施展技艺制造出精美的产品。

但是，任何管理者都必须同人打交道。有人把管理定义为"通过别人做好工作的技能"。一旦同人打交道，宽容的重要性立即就会显示出来。人与人的差异是客观存在的，所谓宽容，本质就是容忍人与人之间的差异。不同性格、不同特长、不同偏好的人能否凝聚在组织目标和愿景的旗帜下，靠的就是管理者的宽容。

宽容别人，其实就是宽容我们自己。多一点对别人的宽容，其实，我们生命中就多了一点空间。

宽容是一种坚强，而不是软弱。宽容所体现出来的退让是有目的有计划的，主动权掌握在自己的手中。无奈和迫不得已不能算宽容。

只有勇敢的人，才懂得如何宽容，懦夫绝不会宽容，这不是他的本性。宽容是一种美德。

只有宽容才会团结大多数人与你一起认准方向，只有妥协才会减少对抗，达成合作，只有如此才能达到你的正确目的。

第 **8** 章

复原力，带你
走出艰难境遇

世界上只有一种真正的英雄主义，那就是认清生活的真相后依然热爱生活。

——罗曼·罗兰 / 法国思想家

» 第一节 复原力，教你如何应对崩溃

现代世界错综复杂、变幻莫测，一件看似无害的小事件很可能会触发一次大灾难。灾难来临之前少有预警，人们就只有在事后才能看出之前那些不为人知，甚至可以称得上荒谬的征兆。这就像抽丝剥茧一样，你只有在剥离的过程中才能够看到各个部分是怎样联结在一起的。同样，对于事情的来龙去脉，人们往往是在事后才能看清楚根源在哪里。即便深入了解各个相关的系统，我们也常常会在错综复杂的局势面前无从下手。我们能够详细地预测这些系统的长远发展方向吗？发展过程中可能会出现哪些异常的后果？即使拥有所有必备的知识，我们仍然无法消除自己那个挥之不去的疑惑：我们是不是在布满地雷的舞池里跳舞？

那么，我们应该怎么做呢？

在这个越来越复杂的世界中，我们人类是没有办法避免各种冲击的——我们能够做的，就是对冲击进行更好的缓冲。[①]

正如任正非在内部文章《一江春水向东流》中写道："我们现在是处在一个多变的世界，风暴与骄阳，和煦的春光与万丈深渊……并存着。"

每个人的生活里，都充满了各种各样的逆境、挫折和打击。有人因为这些打击，使自己变得愤怒、恐惧、悲伤，甚至让自己持续活在懊悔和愤恨的日子当中。然而有些人却能够在挫折中屹立不倒，不断在逆境中调适自己，自我坚持，找到新的出路。而人生正是需要这种复原

---

① 安德鲁·佐利，安·玛丽·希利.恢复力［M］.鞠玮婕，译.北京：中信出版社，2013.

力——在逆境中调适自己，抵抗压力，克服困难。

一个人如果能够在不良的环境下，成功面对并克服各种压力和变化，从逆境和挫折中恢复过来，进而维持正常的生活，心理学中称这种能力为"复原力"（resiliency）。客观上，每个人都有"复原力"。

现代社会的竞争越来越激烈，现代人的生活压力也比过去来得更加巨大。面对种种无可避免的挫折和失败，有人渐渐丧失了信心和自我价值感，有人变得情绪失控，出现攻击行为，有人显得忧郁沮丧，甚至出现精神失常的情形。相反地，一些人不但能够处理日常生活中的各种挑战，而且即使遭遇挫折和失败，也能够容忍并排解困难。这就是复原力。

复原力是指个体面对逆境、创伤、悲剧、威胁或其他重大压力时的良好适应过程，也就是面对困难经历时自己的反弹能力。

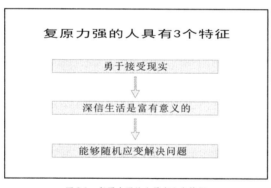

图 8.1　复原力强的人具有 3 个特征

几乎所有的理论都认为，复原力强的人具有 3 个特征（见图 8.1）：

勇于接受现实；深信生活是富有意义的（这种信念通常来自人们恪守的价值观）；能够随机应变解决问题。

只要具备这 3 个特征中的一个或两个，你就能渡过危难。但是，只有具备了所有这 3 个特征，你才能真正成为复原力强的人。

任正非是个复原力很强的人。任正非天天在强调危机，永远在为华为的下一个危机做好准备。

任正非在其文章《华为的冬天》里这样写道：

公司所有员工是否考虑过，如果有一天，公司销售额下滑、利润下滑甚至会破产，我们怎么办？我们公司的太平时间太长了，在和平时期升的官太多了，这也许就是我们的灾难。泰坦尼克号也是在一片欢呼声中出的海。而且我相信，这一天一定会到来。面对这样的未来，我们怎样来处理，我们是不是思考过？我们好多员工盲目自豪，盲目乐观，如果想过的人太少，也许危险就快来临了。居安思危，不是危言耸听。

任正非表示："我到德国考察时，看到第二次世界大战后德国恢复得这么快，心里很感动。当时他们的工人团结起来，提出要降工资，不增工资，从而加快经济建设，所以战后德国经济增长很快。如果华为公司真的危机到来了，是不是员工工资减一半，大家靠一点白菜、南瓜过日子，就能行？或者我们裁掉一半人是否就能救公司。如果是这样就行的话，危险就不危险了。因为，危险一过去，我们可以逐步将工资补回来。或者销售增长，将被迫裁掉的人请回来。这算不了什么危机。如果两者同时都进行，还不能挽救公司，该怎么办，想过没有？"

"十年来我天天思考的都是失败，对成功视而不见，也没有什么荣誉感、自豪感，而是危机感。也许是这样才存活了十年。我们大家要一起来想，怎样才能活下去，才能存活得久一些。失败这一天是一定会到来，大家要准备迎接，这是我从不动摇的看法，这是历史规律。"

"目前情况下，我认为我们公司从上到下，还没有真正认识到危机，那么当危机来临的时刻，我们可能是措手不及的。我们是不是已经麻木，是不是头脑里已经没有危机这根弦了，是不是已经没有自我批判能力或者已经很少了。如果四面出现危机时，那我们真是可能没有办法了。只能说'你们别罢工了，我们本来就准备不上班了，快关了机器，还能省点电'。如果我们现在不能研究出危机时的应对方法和措施来，我们就不可能持续活下去。"

2001年3月，在全球IT泡沫破裂的背景下，任正非在华为内刊上发表了著名的《华为的冬天》，对华为和行业未来作出了警示。不过任正非并不认为华为的管理文化是危机管理，因为诚惶诚恐不可能成功。相反，任正非认为华为的管理文化是假设管理：只有正确的假设，才有正确的思想；只有正确的思想，才有正确的方向；只有正确的方向，才有正确的理论；只有正确的理论，才有正确的战略……

经华为挑选出来的干部都是具有很强复原力的。在华为，几乎所有的高层管理者，都不是直升上去的。今年你还是部门总裁，明年可能就成了区域办事处主任，后年可能又到海外去开拓新的市场。几起几落、经受若干失败的打击，是司空见惯的事情。因此，华为人对自己的成就和所处的位置，都能保持一种比较平常的心态，一方面，不会居功自傲，更不会去考虑谋取所谓的"终身职位"；另一方面，作为IT企业，华为年轻员工很多，为了让他们尽快成熟，任正非几乎用一种极度激进的磨砺方法"折腾"他们。华为有一句名言："烧不死的鸟才是凤凰"，意思是只有经得起"折腾"的人，才是真正的优秀人才。

任正非曾在来自市场前线的汇报会上这样讲道："历时八年的市场游击队，锻炼了多少的英豪。没有他们含辛茹苦的艰难奋战，没有他们的'一把炒面，一把雪'，没有他们在云南的大山里、在西北的荒漠里、在大兴安岭风雪里的艰苦奋斗；没有他们远离家人在祖国各地，在欧洲、非洲的艰苦奋斗；没有他们在灯红酒绿的大城市，面对花花世界而埋头苦心钻研，出污泥而不染，就不会有今天的华为。吃水不忘挖井人，我们永远不要忘记他们。没有他们'一线一线'地奋力推销，没有他们默默无闻地装机与维护，哪有今天的大市场！"

"人的才华的外部培养相对而言是比较快的，人的德行的内部修炼是十分艰难的，他们是我们事业的宝贵财富、中坚力量，各级干部要多培养、帮助他们，提供更多的机会。我们这个大发展的时代，多么缺乏一群像他们那样久经考验的干部。'烧不死的鸟就是凤凰'，有些火烧得短一些，有些火要烧得长一些；有些是'文火'，有些是'旺火'。它是华为人面对困难和挫折的价值观，也是华为挑选干部的价值标准。经过千锤百炼的干部是第二次创业的希望，我相信会有许多新老干部担负起华为的重任。我们期待着他们。"

» 第二节 勇于正视现实

人们普遍认为，复原力来自乐观的性格，这种看法是正确的。不过，只有当乐观不至于使你曲解真相时，才有可能激发出复原力。在极其糟糕的环境中，盲目乐观会造成灾难。

管理大师柯林斯是在为自己的著作《从优秀到卓越》做调查研究时偶然得出这一看法的。柯林斯原先有一个直觉，一个完全错误的直觉，即复原力强的公司一定有很多乐观的员工。但是，詹姆斯·斯托克代尔（James Stockdale）将军的经历改变了他的这一看法。

詹姆斯·斯托克代尔是名海军上将，在越南战争期间，是被俘美军里级别最高的将领。但他没有得到越南的丝毫优待，被拷打了 20 多次，关押了长达 8 年。他说："我不知道自己能不能活着出去，还能不能见到自己的妻子和小孩。"但是他在监狱中表现得很坚强。

斯托克代尔关押 8 年后被放了出来。吉姆·柯林斯先生去采访他，问："你为什么能熬过这艰难的 8 年？"斯托克代尔说："因为我有一个信念，相信自己一定能出来，一定能够再见到我的妻子和孩子，这个信念一直支撑着我，使我生存了下来。"

吉姆·柯林斯又问："那你的同伴中最快死去的又是哪些人呢？"他回答说："是那些太乐观的人。"

吉姆·柯林斯说这不是很矛盾吗？为什么那些乐观的人会死得很快呢？斯托克代尔说："他们总想着圣诞节可以被放出去了吧？圣诞节没被放出去，就想复活节可以被放出去；复活节没被放出去，就想着感恩节；而后又是圣诞节，结果一个失望接着一个失望，他们逐渐丧失了信心，再加上生存环境的恶劣，于是，他们郁郁而终。"

斯托克代尔说："对长远我有一个很强的信念，相信自己一定能够活着出去，一定能再见到我的妻子和小孩；但是我又正视现实的残酷。"

这就是斯托克代尔悖论。

在企业界，柯林斯发现，在他所研究过的所有最成功的公司中，经理人都抱有同样坚定的态度。像斯托克代尔一样，复原力强的人对那些生死攸关的现实都有非常清醒和务实的认识。这并不是说乐观没有用处。例如，要使士气低落的销售人员改变精神面貌，向他们描绘美好前景是调动士气的一个有效工具。但是，面临更为严峻的挑战，保持冷静甚至是悲观的态度则显得更为重要。①

著名心理学家维克多·弗兰克尔（Viktor E.Frankl）是 20 世纪的一个奇迹。纳粹时期，身为犹太人，他的全家都被关进了奥斯维辛集中营，他的父母、妻子、哥哥，全都死于毒气室中，只有他和妹妹幸存。弗兰克尔不但超越了这炼狱般的痛苦，更将自己的经验与学术结合，开创了意义疗法，他在著作《活出生命的意义》中这样记述道：

随着信念的丧失，精神防线亦告丧失；此后，自然甘心沉沦，一任身心日趋衰朽。这种情形通常借着危机的形式而突然发生。信心丧失与全然放弃之间，有着密切的关联。有一次我就遇到了一个非常奇特的例子，我那位资深舍监傅先生是一位小有名气的作曲家兼作词家。有天他对我吐露心事道："医生，我想告诉你一件事，我做了个怪梦。梦中有个声音告诉我，我可以许个愿，只要我说出想知道什么，我的一切问题就可以得到圆满的解答。你猜我问了什么？我说我想知道什么时候我可以看到战争结束。你懂得我的意思吗？我想知道什么时候我们可以获释，我们的痛苦可以告终。""你梦中那个声音怎么回答？"

"他凑到我耳边，悄悄耳语道：'三月三十日。'"

然而，预许的日子渐渐接近，传抵营区的战讯却全不像是我们即将在预许当日获释的样子。到了三月二十九日，傅先生突然病倒了，全身发高烧。三月三十日，也就是预言中他会看到战事结束、痛苦告终的日子，他昏迷不醒，失去知觉。三月

① 赵涛.复原力：危机下的心理功课［J］.企业管理，2009.

三十一日，他死了。从一切外在迹象看来，他死于斑疹伤寒。

心境（包括有无勇气与希望），与身体的免疫能力息息相关。懂得这个道理的人，自然会了解人如果突然失去希望和勇气，很可能因此而死。在集中营中，突如其来的绝望减低了他身体上抵抗传染病的能力。由于对未来的信心及活下去的意志皆告瘫痪，身体对病毒便毫无招架之力。结果，他只好一死了之。大多数的俘虏都抱着一个天真的希望，以为他们会在圣诞节以前重归故里。当佳节渐渐逼近，佳音依旧杳然，许多俘虏逐渐都失去了勇气，因而万念俱灰，大大削弱了身体的抵抗力，结果便一个个相继死去。

也许，你会问自己："我真的了解并接受我目前的现实处境吗？"这个问题问得很好，尤其是当研究表明大多数人往往拒绝正视现实。正视现实，真正地正视现实，是很折磨人的。的确，正视现实不是件令人愉快的事情，它常常给人带来精神上的痛苦。

有一位日本的年轻人是一家保险公司的推销员，虽然工作勤奋，但收入少得甚至租不起房子，每天还要看尽人们的脸色。

一天，他来到一家寺庙向住持介绍投保的好处。老和尚很有耐心地听他把话讲完，然后平静地说："听完你的介绍之后，丝毫引不起我投保的意愿。人与人之间，像这样相对而坐的时候，一定要具备一种强烈吸引对方的魅力，如果你做不到这一点，将来就不会有什么前途可言。"

年轻人从寺庙里出来，一路上思索着老和尚的话若有所悟。接下来的日子，他常常请同事或客户吃饭，目的是让他们指出自己的缺点。

"你的个性太急躁了，常常沉不住气……"

"你有些自以为是，往往听不进别人的意见。"

"你面对的是形形色色的人，必须要有丰富的知识，所以必须加强学习，以便更快与客户找到共同的话题，拉近彼此之间的距离。"

年轻人把这些可贵的逆耳忠言一一记录下来。每一次"批评会"后，他都有被剥了一层皮的感觉。通过一次次的"批评会"他把自己身上那一层又一层的劣根性一点点剥落掉。

从此，年轻人开始像一只成长的蚕，随着时光的流逝悄悄地变化着。到了 1939 年，他的销售业绩荣膺全日本之最，并从 1948 年起，连续 15 年保持全日本销售量第一的好成绩。

1968 年，他成了美国百万圆桌会议的终身会员。

这个人就是被日本国民誉为"练出价值百万美元笑容的小个子"，美国著名作家奥格·曼狄诺称之为"世界上最伟大的推销员"的推销大师原一平。

1987 年，华为在深圳初创时注册资金只有 2 万元人民币，主要业务是替香港一家公司代销 HAX 交换机以从中获取价格差。20 世纪 80 年代末的深圳，几乎销售任何电子产品都能赚钱，许多人靠倒买倒卖成了亿万富翁。但华为的创始人任正非不甘做一个代销商，他带领华为迈入了充满风险的高新技术领域，试图把华为打造成通信行业的知名品牌。

尚在襁褓中的华为一介入通信市场就面对摩托罗拉、爱立信、西门子等国际电信巨头的压力，无论资本还是技术，华为与对手都不是一个级别。但任正非很清醒：当前世界上任何电信公司不是发展，就是灭亡，没有第三条路可走；它们和华为同样没有退路——要生存就得发展。

随着市场份额的逐年扩大，华为在技术开发上的投入不断加大。任正非深信：只有技术自立，公司才有生存之本，没有自己的科技竞争力，工业独立只是一句空话。为了实现这个目标，华为不拘一格选人才，用人才。

从一开始，任正非就认识清楚了华为的处境，正视了公司所面对的现实。

一位华为人记录了这种面对现实的心理调节过程。

1999年刚到曼谷时，加上代表才三人，挥不去的是对故乡、亲人的思念和对异国的陌生，在开展业务和与客户沟通中，总能切实感受到自身的不足，脱离了曾在国内游刃有余的客户关系平台，不由感叹工作环境的转换对自身带来的巨大挑战：国际贸易知识欠缺，对游戏规则的不熟悉，本地资源匮乏，跨文化沟通的障碍等等。和家里通电话总要说一切都好，进展顺利，但心情难免焦虑，也会对周遭环境时有抱怨，虽然也知道那样于事无补。

现在冷静地回过头去看那段时间的感受，其实就是一个面对现实，调节自身的心理过程。如何面对现实，适应变化，真是言易行难。这不单是一个心理状态的转变（面对现实），还是一个从观念落实到行动的过程（适应变化）。也就是说，结合所拥有的资源现状（包括通过努力能争取到的资源）和面临的近期、远期目标，你必须保持一种面对现实的心态来适应变化，制定一个可实施、毫不保守，又比较 Aggressive（进攻性）和 Focus（专注）的工作计划并真正落实到位，果断采取行动，以此来打开工作局面，找到转折点（Turning Point），让事情朝着好的方向发展。

有一个关于胡雪岩选人的故事。晚清年间，社会正饱受太平天国起义和西方殖民主义的困扰，兵荒马乱。胡雪岩看准了粮食生意有利可为，但苦于无可用之人。无意中了解到虽然时值乱世，但当地的一个值夜更夫却每夜准点打更，从不间断。胡便准备请此人做司库，左右不解，胡说，我就是看准了他的责任心。

这个普通的故事包含了一个朴素的哲理，即外界经营环境和内部管理资源随时发生变化，只有面对现实，动态地作出最好的决定才能不断生存、发展下去。

即使到了今天的企业界，"面对现实"仍被 GE（通用电气公司）的前总裁杰克·韦尔奇奉为管理经典。这绝对不是中庸之道的托词，相反，它是进取者实现目标的正确出发点和人生态度。

20 世纪 80 年代初，韦尔奇一上任就提出了"数一数二"的战略，决定面对现实，整顿那些做不到"数一数二"的业务。核能业务部门的成功改革正是韦尔奇基于现实的领导艺术的绝妙一例。只要有机会他就把这个故事向 GE 的每个员工讲述，借以把自己的理念传递到整个 GE。他在其最新自传中说："我终于抓住了这样一个机会，从那些显而易见并不是韦尔奇门徒的人当中制造出了一群英雄，这是一个重大的转折点。它清清楚楚地向人们传达了这样一个信息：为了在新的 GE 中获得成功，你不必刻意把自己改造成一个什么特定的类型。""不管你是什么长相，什么个性，你都可以成为 GE 的英雄。你需要做的只有一点，就是面对现实并开始行动。"在担任 CEO 的开头几年里，韦尔奇一遍又一遍地引用核能部门的这个故事，极力强调做事情要从现实出发的重要性。他说："面对现实听起来简单，但事实上恰恰相反，我发现，让人们从现实的实际出发，而不是从过去的实际或者自己的主观愿望出发来看待某种形势，实在是一件很不容易的事情。"

基于对现实的考量，任正非认为华为很长一段时间的目标就是"活下去"。任正非表示："市场已没有时间等待我们的成长，它不是母亲，没有耐心也没有仁慈。"

活下去，看起来是非常简单的要求，但在现实中这一简单的要求却成为诸多企业"不可能完成的任务"。正是为了活下去，华为在长期的经营中始终不敢松懈，始终坚持核心竞争力是企业生存之本。

一位已经离开华为的高层人士说，其实任正非十几年来一直生活在"冬天"中，好强的性格使得他在华为这些年的飞速发展中，始终在压力和危机的旋涡里高速运转着，无论哪个方面稍有不慎，都有可能招来"杀身之祸"。

华为目前虽然没有生存之虞，但危机意识不可缺少（见图8.2）。华为所处的高新科技的通信行业，其技术更新速度之快、竞争之激烈是其他行业无法比拟的。处于竞争如此激烈的市场中，一个永恒的话题萦绕在任正非心头：企业要一直活下去，不要死掉。只有生存才是最本质最重要的目标，才是永恒不变的自然法则。任正非表示："我们首先得生存下去，生存下去的必要条件是拥有市场。没有市场就没有规模，没有规模就没有低成本。没有低成本、没有高质量，就难以参与竞争，必然衰落。"

在2002年的《迎接挑战，苦练内功，迎接春天的到来》一文中，任正非说道："当市场出现困难时，我们怎么在市场上保持我们非常好的形象，给人增强信心，是很重要的。好多人打电话跟我说合同少了，去年（2001年）一单就两个亿，今年一单两千万的合同都没有了，难做了。其实，难做以后方显英雄本色呀。好做，人人都好做。难做的时候，你多做一个合同，别人就少一个。就像下围棋，我们多了一个棋眼，别人就少了一个棋眼。就是多一口气嘛。

"我们还会继续遇到困难，其实越困难时我们越有希望，也有光明的时候。因为我们自己内部的管理比较好，各种规章制度的建立也比较好。市场发生波折时，我们是最可能存活下来的公司，只要我们最有可能存活下来，别人就最有可能从这上面消亡。"

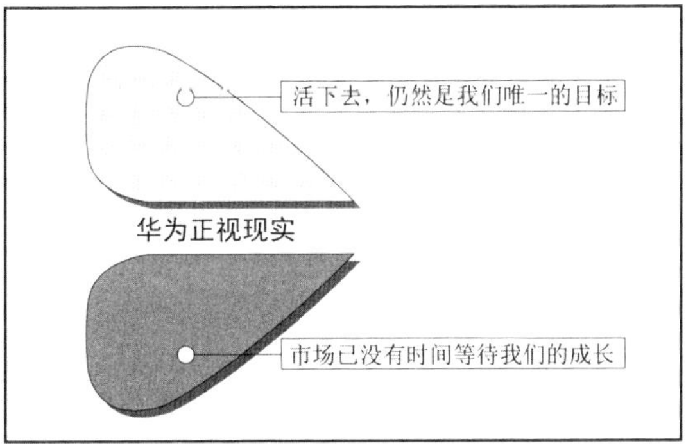

图 8.2　华为勇于正视现实

2007 年 9 月，任正非再次警示华为人：

"活下去，仍然是我们唯一的目标。有些人认为，华为已经那么大规模了，在很多领域都有了相当的实力，'活下去'不再是一个问题；还有些人认为，可以暂时歇口气，甚至认为不需要艰苦奋斗了。事实上，过去两年中通信业发生了企业之间的兼并，国内一些明星企业由于不适应'气候'的变化而苦苦挣扎或一夜之间轰然倒下……这些例子警示我们——活下去，仍然是华为唯一的追求，我们不能有片刻的放松。"

任正非将企业生存放在了公司目标的第一位，并将其传递到了每一位华为人那里，成为全体华为人每天必须面对和思考的命题。"对华为公司来讲，长期要研究的是如何活下去，寻找我们活下去的理由和活下去的价值。活下去的基础是不断提高核心竞争力，而提高企业竞争力的必然结果是利润的获得，以及企业的发展壮大。这是一个闭合循环。"

"胜利的曙光是什么？胜利的曙光就是活下来，哪怕瘦一点，只要不得肝硬化、不得癌症，只要我们能活下来，我们就是胜利者。冬天的寒冷，也是社会净化的过程，大家想要躲掉这场社会的净化，是没有可能的！因为资源只有经过重新的配置，才可能解决市场过剩的冲突问题。"

任正非也劝告员工要面对现实，正视人与人之间的差距，要对自己所处的环境有满足感，不要不断攀比。"例如：有人少壮不努力，有人十年寒窗苦；有人读书万卷活学活用，有人死记硬背，一部活字典；有人清晨起早锻炼，身体好，有人老睡懒觉，体质差；有人把精力集中在工作上，脑子无论何时何地都像车轱辘一样地转，而有人没有做到这样。"任正非举例说。

"员工不必为自己的弱点而有太多的忧虑，而是要大大地发挥自己的优点，使自己充满自信，以此来解决自己的压抑问题。我自己就有许多地方是弱项，常被家人取笑小学生水平，若我全力以赴去提升那些弱的方面，也许我就做不了 CEO 了，我是集中发挥自己的优势。"任正非告诫员工要扬长避短，集中发挥优点。

任正非在《专心做好自己的事》这篇文章中这样写道："专心做好自己的事情，不怨天尤人，尊重现实，热爱挑战，拥抱挑战，对我们每个员工更是如此，我们每个人自身背景不同、素质不同、潜力不同，但同样幸运的是我们遇到了这个时代，我们选择了 IT 行业，也在亲身经历着华为高速成长的时期，脚踏实地而非好高骛远，少些激扬文字、挥斥方遒或愤青心态，多些低调务实、持之以恒，这就是动物法则告诉我们的朴素而伟大的真理。"

如何面对个人挫折，任正非这样告诫降职干部："我们要求降职的干部，要调整好心态，正确地反思，在新的工作岗位上振作起来，不要自怨自艾，也不要牢骚满腹。在什么地方跌倒就在什么地方爬起来。特别是那些受委屈而降职的干部，无怨无悔地继续努力，以实际行动来证明自己，这些人是公司宝贵的财富，是将来继大业的可贵人才。'牢骚太盛防肠断，风物长宜放眼量。'我们的中高层干部要经受得住磨难与委屈。磨难是种财富，逆境中最能产生将军。没有挫折，一帆风顺反而成长不起来。"

» 第三节 寻找生活的真谛

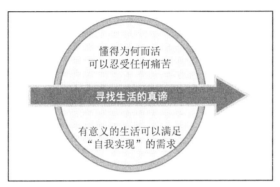

图 8.3　寻找生活的真谛

　　复原力的第二个方面即是在危难时期努力寻找生活的真谛，这和正视现实的能力密切相关（见图 8.3）。我们都知道，有的人遇到不幸时总是举起双手绝望地叫喊："这种事怎么就发生在我身上了？"这些人认为自己是受害者，他们不会从经历的不幸中吸取教训。但是，复原力强的人总能从不幸中找到一些积极的东西，为自己和别人找到生活的真正意义。

　　奥地利精神病学家维克多·弗兰克尔对这一思想做了很完美的表达。弗兰克尔是奥斯维辛集中营的幸存者，他在那段苦难岁月中发明了"意义疗法"（meaning therapy）——一种人文主义治疗技术，它可以促使人们下定决心创造有意义的生活。

　　在《活出生命的意义》（Man's Search for Meaning）一书中，弗兰克尔描述了促使他在集中营创立"意义疗法"的关键原因。有一天在去干活的路上，他为要不要用他的最后一根香烟换一碗汤而犯愁，他还在想如何跟一个虐待成性的新工头一起干活。想着想着，突然他发觉自己的生活已经变得多么无聊和毫无意义，因而感到一阵厌烦。他意识到，要

227

活下去，他必须找到某种生活目的。弗兰克尔的做法是，想象自己在战后做一次有关集中营心理问题的演讲，帮助外界了解他所经历的苦难。尽管他当时并不能肯定自己能活着出去，但他还是为自己设立了一些具体的目标。由于有了具体的目标，他成功地经受住了当时的艰难困苦。正如他在书中所说："我们永远不能忘记，即使遭遇绝境，即使面临无法改变的命运，我们仍然可以找到生活的意义。"

弗兰克尔表示，若想重振营中俘虏的内在力量，首先就得为他指出一个未来的目标。尼采说过："懂得为何而活的人，几乎'任何'痛苦都可以忍受。"这句话，所有与囚犯或俘虏接触的心理专家，都应奉为圭臬。只要有机会，就该给他们一个活下去的目的，才能够增强他们忍受"任何"煎熬的耐力。看不出个人生命有何意义、有何目标，因而觉得活下去没什么意思的人，最是悲惨了。他很快就会迷失。而这种人一听到鼓励和敦促的话，典型的反应便是："我这辈子再也没什么指望了。"碰到这种反应，你还能说什么？

有这样一则故事：有一个小和尚在寺院担任撞钟之职。按照寺院的规定，他每天必须在早上和黄昏各撞钟一次。如此半年下来，小和尚感觉撞钟的工作极其简单，倍感无聊。后来，干脆"做一天和尚撞一天钟"了。一天，寺院住持忽然宣布要将他调到后院劈柴挑水，原因是他不能胜任撞钟之职。小和尚觉得奇怪，就问住持："难道我撞的钟不准时、不响亮？"住持告诉他："你的钟撞得很响，但钟声空泛、疲软，因为你心中没有理解撞钟的意义。钟声不仅仅是寺里作息的准绳，更为重要的是唤醒沉迷众生。因此，钟声不仅要洪亮，还要圆润、浑厚、深沉、悠远。一个人心中无钟，即是无佛；如果不虔诚，怎能担当撞钟之职？"小和尚听后，面有愧色，此后潜心修炼，终成一代名僧。

没有"意义"的生活，将满足不了人们"自我实现"的需求，也就谈不上幸福。《士兵突击》中许三多对于"意义"之于人生的重要性讲得简单而直接："有意义就是好好活，好好活就是做有意义的事。"

一个幸福的人，应该是既能享受当下所做的事情，又能获得美满的未来。于是，哈佛幸福课讲师泰勒在《幸福的方法》一书中告诉我们：幸福，应该是快乐与意义的结合。"一个幸福的人，必须有一个明确的、可以带来快乐和意义的目标，然后努力地去追求。真正快乐的人，会在自己觉得有意义的生活方式里，享受它的点点滴滴。"

目标的有意义和过程的快乐，相辅相成，构成了真正的幸福。

工作满意度是幸福感的重要预测指标。有研究表明，在幸福感的所有预测指标中，工作仅次于婚姻。不管在地球的哪个角落，一份有意义的工作可以显著地预测幸福感。

华为老专家与新员工谈心时这样说道："我们参加工作以后，生活的乐趣又何在呢，乐趣就在我们所聚焦的工作（哪怕是重复性的劳动）上，我们要学会欣赏，欣赏自己工作中所取得的成果；欣赏主管、同事对自己工作的认可；欣赏父母、家人和亲友的赞扬；欣赏为社会和家人做出贡献而获得的快乐。因此，我们不能把工作看成是一种负担，也不能把工作仅仅看成是养家糊口的手段，而应该把劳动成果看成是自己的一件艺术品。有不少出来工作几年的大学生，很后悔当年在学校里没有抓紧时间学习，成天都很贪玩。如果现在再去读大学，可能会更自觉、学得会更好一些，然而时间却不会逆流。现在，当我们获得第一份工作时，我们要问自己能赋予工作以意义和乐趣吗？能否把我们工作的劳动成果做成一件艺术品，并且值得人们欣赏？"

"参加工作以后，我们的很多时间都是花在工作上的。特别是在底子薄、基础差的发展中的中国，处在拼命追赶世界领先企业的年轻的华为公司更是如此。我们只能付出别人不能付出的更多努力和艰辛，才能在未来的世界中占有一席之地，才能为我们创建更加美好的未来。"

» 第四节 能够随机应变解决问题

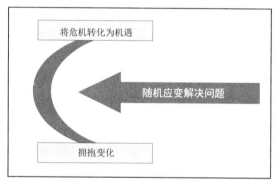

图 8.4 随机应变解决问题

　　复原力的第三个组成部分是另一种能力，即灵活地采用权宜之计应对困难的能力，有了这种能力，不管现状如何都能设法将危难克服（见图 8.4）。法国人类学家克洛德·莱维－斯特劳斯（Claude Levi-Strauss）把这种技能称作"bricolage"，后来的心理学家纷纷效仿。如今，"bricolage"是指一种独立创新的能力，一种在没有合适或现成的工具与材料的情况下很快想出解决办法的能力。具有这种能力的人叫"bricoleur"，他们总是喜欢瞎鼓捣，比如用家里的东西组装收音机，或者修理自己的汽车。他们喜欢物尽其用，把东西派上人们不熟悉的其他用途。例如，在集中营里，有复原力的人只要一发现绳子或电线就会装到自己口袋里。这些绳子或电线说不定日后就很有用处，比如用来修补鞋子，这在寒冷的冬天可能关系到一个人的生死存亡。

华为消费者业务 CEO 余承东是一个复原力很强的人。2011 年余承东带领的华为智能手机业务刚刚开始从低端市场向高端迈进，从运营商贴牌手机向大众消费者品牌转型。可以说，此时中国手机厂商都还处于向智能手机转型初期，集体层面虽能看到未来趋势但并无明显策略的阶段。

余承东随后主导了这场改变全球手机格局的逆势之战。余承东首先力主分步削减运营商贴牌项目，力推在运营商市场和公开市场华为手机的品牌露出。但作为长期服务运营商 B2B 市场的华为来说，这种改变无异于断骨重接。

余承东坦言，过去四年，自己和华为消费者 BG 团队面临了巨大压力："我们在转型过程中还要完成经营目标，保持业务和收入利润的增长，所以转型是非常危险的，转不好就死了。"在向高端机型和大众消费市场转型过程中，华为在初期也并不顺利，P1 项目操盘未达预期，而欧洲运营商对华为坚持自主品牌露出初期不认可造成订单减少，也让余承东在内部遇到了不同声音。"真的有几次差点下课""出现阻力不是员工有私心，而是对工作不了解、观念存在差异甚至出现争吵"，余承东强调说。在随后的近两年时间里，在余承东的推动下，华为陆续推出了 P6、P7、Mate7 等高端机型，数年的积累终于在 Mate 7 产品中获得市场爆发。

"定位决定地位，眼界决定境界，你的眼界水平决定了你能走多远、站多高，我一直要求我的团队要比对手站得更高、看得更远、看得更深，就像下棋一样，你能看多少步之后的局势。当人人都能看到这个应该怎么做的时候，你再这么去做，就已经晚了。"

任正非总是能将危机转化为机遇。全球性的金融危机让华为看到了在国际市场进取的第二次机遇。在全球设备制造业哀鸿一片的环境之下，华为公布的 2008 年合同销售额继续保持近 50% 的增长，达到 233 亿美元。而全球金融危机导致的运营商成本焦虑，让华为看到了巨大的机遇。"受金融危机的影响，运营商会寻求降低成本，同时也会寻找一些能够面向其未来发展的战略性伙伴。目前来看这个伙伴最好的选择就是华为。"华为公司高级副总裁徐直军在展望 2009 年时表示。

如果说华为的国际化是从一点一滴的打拼开始，那么从 2004 年开始的全球运营商及设备制造商的整合，为其提供了腾飞的第一次机遇。也正是从 2005 年开始，利用其他设备制造商整合之机，华为大跨步地进入了欧美等发达国家市场。

全球性的金融危机让华为看到了在国际市场进取的第二次机遇。发端于 2007 年的次贷危机在 2008 年下半年演变为全球性的金融危机，并造成全球实体经济的萧条。发达国家及地区的运营商受到明显冲击，自下半年起，裁员成为全球电信业的流行语。澳大利亚电信宣布削减 800 个职位，英国电信计划裁减 10000 名员工，美国 AT&T 计划裁员 12000 人。削减对网络的投资及对新技术的使用也成为运营商的选项。

海外合同销售额占比达到 75% 的华为，从中看到了新一轮的国际拓展机遇。"受金融危机的影响，运营商会寻求降低成本，同时也会寻找一些能够面向其未来发展的战略性伙伴。目前来看这个伙伴最好的选择就是华为。"徐直军认为，"这是华为改变格局、提升市场份额难得的一个机会。"

"拥抱变化"强调的就是能够随机应变解决问题。通用电气前任 CEO 杰克·韦尔奇曾说过："我们的世界变化的速度是如此之快，对于一家公司来说，最重要的一项工作就是要变得灵敏，一定要灵敏，一定要具有适应能力，而不是用所有的时间去预测未来。"

延 伸 阅 读

任正非：什么样的人才能当干部？

干部要长期艰苦奋斗

我们培养人的目的，是要为实现企业目标而努力奋斗。如果缺少这种品德的人，担任了各级负责干部，团队就会逐步惰怠，就像温水煮青蛙一样，企业会逐步萎缩。要优先从愿意艰苦奋斗的优秀员工中选拔卓有贡献的人进行培养。愿意艰苦奋斗不一定是在艰苦地区，其他地区也是可以艰苦奋斗的。

从公司内外、正反两方面案例都证明，各级一把手是建设团队奋斗文化的关键。一把手不奋斗，团队必将涣散。华为公司今天的成功不是一个人的奋斗故事，而是拥有一个无私的领导层和一大群不服输的团队。在奋斗这个问题上我们不容妥协，不奋斗的人，该淘汰就淘汰，否则无法保证公司的长治久安。

如何让队伍持续奋斗？你怎么考核他，考核方法是什么，这是关键。我的考核方法，不仅仅让他和别人比，更要让他和自己比，自己和自己比，看是不是进步了。说末位淘汰，那看你自己进步了没有，你怎么才叫进步，综合看一看；没进步，换个人上台，新陈代谢，流水不腐。我们要成为一个开放的平台，人人都可以跳舞，下去的人还可以上来。

干部要聚焦在工作上

我们要求干部要聚焦在工作上，这是一句十分沉重的话。我们现在有些干部对如何消遣、如何享受很有研究，在队伍中滋生了一种不好的风气。我们只有紧紧盯着不断变化的市场，才能发现机会窗，才会有所作为。

中基层干部要以会做事的人为中心，会做人不会做事的人整天不断地去沟通，不断开会，糊里糊涂的；会做事的人一上来，这场战争怎么打，把这个搞清楚，然后，会做人的人你们沟通去，做思想工作，战争一定要胜利，就简单得很。有些干部确实没有水平，整天开会。我们公司的会议太多了，参加会议的人也多，会议时间也长。

要有敬业精神和献身精神

考核干部，要看奋斗意志，要看干劲，不能光看技能。没有奋斗意志、没有干劲的干部，我们还是要从各级行政管理岗位上调整出来。没有奋斗意志的人，不能带兵。

干部要有敬业精神、献身精神、责任心和使命感。区别一个干部是不是一个好干部，是不是忠诚，标准有四个：

第一，你有没有敬业精神，对工作是否认真。改进了，还能改进吗？还能再改进吗？这就是你的工作敬业精神。

第二，你有没有献身精神，不要斤斤计较，我们的价值评价体系不可能做到绝对公平。如果用曹冲称象的方法来进行任职资格评价的话，那肯定是公平的。但如果用精密天平来评价，那肯定公平不了。我们要想做到绝对公平是不可能的。我认为献身精神是考核干部的一个很重要因素。一个干部如果过于斤斤计较，这个干部绝对做不好，你手下有很多兵，你自私、斤斤计较，你的手下能和你合作很好吗？没有献身精神的人不要做干部，做干部的一定要有献身精神。

第三点和第四点，就是要有责任心和使命感。我们的员工是不是都有责任心和使命感？如果没有责任心和使命感，为什么还想要当干部。

只要企业的领导人是为了企业的目标真诚奋斗，这次对您不公平，下次也许就纠正过来了，也许几次不公平，但总有一次是公平的。你是金子总会发光的。各级干部、主管应经得起考验，勇敢挑起大梁，带领员工齐心协力渡过难关。对于那些传播谣言、对公司失去信心、不能勇敢面对困难并感到恐慌的干部，不断对项目叫苦的干部，说明他们承担这个担子有困难，各级组织应积极帮助他们退出领导和关键岗位，尽快安排有能力的人接替，由能经得起考验的继任者担任工作。这是个关键时刻，是考验我们各级干部的试金石，我们相信绝大多数员工都会成为英雄的。

干部要敢于负责

把有高度责任心、有强烈使命感、有组织与工作能力、善于团结合作、大公无私的员工提拔上来，形成一个宏大的、有效有序的管理队伍。要动员那些得过且过、明哲保身的干部下岗；动员那些文过饰非、粉饰太平的干部下岗。公司将继续推行反对贪污腐化、反对对时间与物质的浪费、反对懈怠，要从严进行干部的管理与审查。

干部缺少责任心、敬业精神、懈怠，都是从自私自利开始的。华为要生存下去，干部就永远不能惰怠，永远不能腐败。对于华为，缺少责任心，缺乏职业意识的干部仍然存在，因此华为公司还需要继续进行整顿，并且仅仅是一个开始，而不是结束。在这个问题上，所有部门、所有人，都应该认真地思考。看一个人，不能看一时一事，要看他一贯的历史，若他一贯是一个不负责任的人，那还留他干什么？没有必要。

干部就是要克服困难去攻克山头。干部不是对内来施加压力的，当公司还在手忙脚乱，内部又来威胁我们，这种干部有什么存在的必要？大家要争着创造贡献，就是要改变这个环境，不管多高的干部，如果无法挽回，就下来换别人上。

干部建设的核心问题是做实

华为在干部使用上不能迁就，绝不因其资历到了就要安排到某个位置上去。随着技术越来越复杂，服务面越来越广，利益问题会越来越明确。如果大家都不热爱自己的本职工作，老是觉得别人的那碗饭好吃，工作老是换来换去，老是发挥不了作用，凭什么你要享受高的待遇？你要吃饭就得做工，没人为你做牛马。你要扪着良心想一想，你到底做了些什么？我们不看你讲这个事怎么做，而是看你做了些什么事，你做得怎么样。

经常看到一些员工给公司写的大规划，我把它扔到垃圾桶里去了，而那些在自己的管理岗位上本身进步了，改进了自己的工作的员工，他们提的建议和批评我倒是很愿意听的。把生命注入管理中去，不是要你去研究如何赶上IBM，而是研究你那个管理环节如何做到全世界最优，要赶上IBM不是你的事情，所以要面对现实，踏踏实实地进行管理的改进，这样公司才会有希望。现在公司说空话的人比干实事的人还多，幼稚的干部比成熟的干部还要多。要把生命理解成一种灵魂和精神，就是要将这种灵魂和精神注入管理中。没有这种精神的干部要下岗。

用人五湖四海，不拉帮结派

我们要多看干部好的一面，但也要看到其不足的一面，最重要的是在干部任免上千万不要拉帮结派，不要因为是我的干部就帮着说话，要帮公司的利益说话，帮公司活下去说话，这个是原则问题。

作为主管，如果想得到员工的拥护，最重要的就是在工作中做到公正公平。如果做不到公平公正，即使用手拍拍下属的肩膀，说他怎么好，他也认为你是假的。所以对主管来讲，不管是升级、评奖金或其他事，都应该做到公平公正。如果做到了就会得到大家认同，即使暂时得不到大家的认同，迟早都会得到认同。当然，要做到公平公正是很难的。公平公正说起来容易，做起来难。但是只要努力去做了，就能得到大家的理解和谅解，就能鼓舞士气。

高级干部要有领袖心态，要有全局观点。对下属要无私公正，不亲不疏，坚持以责任结果导向来评价干部，个人友谊或好恶不要卷进评价里面来。

团结一切可以团结的人

要勇于去团结不同意见的人，应把所有的干部员工看成实现自己或组织目标的战友和伙伴。要善待员工，善待干部，建立起士为知己者死的团结奋战群体。充分发挥员工、干部在主航道上的主观能动性与创造精神。

坚持以奋斗者为本。公司要团结的是有意愿、有能力、能干成事的员工，而不是为了团结而团结。对于不想干事、不能干事的员工，继续实施不胜任调整及淘汰。

海纳百川，有容乃大，加强文化与制度的包容性。要开放心胸，拓展视野，换位思考，借鉴业界好的做法，针对不同的人群，通过岗位安排适当兼顾个人意愿，以及组合运用各类物质激励、非物质激励工具，以团结优秀员工群体共同长期奋斗。

任何黑的、白的观点都是容易鼓动人心的，而我们恰恰不需要黑的，或白的。我们需要的是灰色的观点。介于黑与白之间的灰度，是十分难掌握的，这就是领导与导师的水平。

链　接

任正非与身处逆境的员工对话录

2000 年 1 月 14 日下午，任正非与部分思想上有疙瘩的员工进行了座谈，现将座谈内容摘录如下。

员工：1999 年及 2000 年的管理要点上都讲道："……个人永久性的标记（学历、职称、社会荣誉等）仅仅是个纪念……"但是我觉得公司现在并不是把学历、职称等作为纪念，而是作为衡量一个人的标准，如公司内部招聘的职位说明书上非基层岗位有 99％需要本科以上的学历，每次领导讲话时好像招了本科以下学历的人就感觉到这个部门的地位低了。

拿我自己来说，我是大专学历，1997 年作为车间副主任招进公司，1998 年第一季度我使模板车间的生产效率提高了 30％；1998 年 7 月我调入生产干部部负责合理化工作，在 1998 年底公司评比生产杰出奖我在 5 个奖中获得了 2 个。我认为自己干的工作应该说不比本科学历的人干得差，但由于裁员我调出合理化办。我想请问任总，作为一名大专生，要想在公司发展，是继续求学取得本科学历，还是只在基层岗位上发展？

任正非：我们是拥护唯心主义、形而上学还是使用唯物辩证法？

我认为一个人文凭如何并不重要，一个人要努力提高自己的基础知识和技能，这很重要。拥有好学历的人他们曾受到很好的基础训练，容易吸收新的技术与管理。但是有知识的人不一定有很好的技能。我们要以贡献来衡量薪酬。如果说这人很有学问，里面装了很多饺子，倒不出来，倒不出来就等于实际上没有饺子。企业不是按一个人的知识来确定收入，而是以他拥有的知识的贡献度来确定的。我们强调使用一个干部时，不要考虑他的标记，不能按他的知识来使用，我们必须要按如他承担的责任、他的能力、他的贡献等素质来考核干部，不是形而上学，唯学历。特别是对基层干部、基层员工来说，我们有不同的素质模型，我们要在不同的素质模型中去选拔员工，拔高学历就是提高了成本。作为你自己来说，如果一个本科生来干得比你好，说明他受的基础训练比你多，你应该努力向他学习；如果一个本科生上来干得不如你好，我认为干部部门应该考虑让你多干一段时间，让他多学一段时间。

所以对你来说有两种可能性：第一是你的领导处理问题稍偏颇，形而上学；第二你自己也需要努力。努力的方式有两种：一是在实践中不断加强学习提高自己；另外就是和周边同事多交流，向他们多学习，提高自己。心里不要有太大的压力，一个人有心理压力是不成功的。所以我认为努力学习是每一个员工必须要做到的，不管你学历有多高，学历并不代表一个人的财富。但是有好一点学历的人他有好一点的素养，有好的素质，就有接受新东西的能力，这要辩证地看。但华为公司把所有一切岗位都规划成需要本科以上学历是错误的，这样成本太高。

以后我们人力资源管理部在定编定员定素质模型时就要定下来，要有工资配额管理，不能把工资额无限拔高。

我们认为成本是一个企业最重要的要素，不能无限制拔高这个岗位的学历，因为这是要付钱的。如果主管领导这么做就说明这个主管缺少领导能力，他浪费了很多成本。

员工：华为如何创造员工成长的土壤？总不能说是沙漠或是岩石，那我再好的苗也起不来呀。

任正非：沙漠也要靠你去把它变成土壤，你要敢于用你的身体化成一种肥料，然后这个沙漠才能变成土壤，你要有这种牺牲精神和献身精神。如果大家都不希望献身，只希望沙漠变成土壤，我在这儿成长得非常快，别人都为我做牺牲，而我不牺牲，那你永远都没有希望，所以我们讲的献身精神就是把自己的身体化成肥料，去把沙漠改造了。

员工：我感觉到在同一个层面里，华为技术整体水平要比华为电气高一个层次。请问为什么？

任正非：那需要你努力。你努力你就能超越，照理说你们的层次要比华为技术高一个层次才是对的，你们还没达到更高层次，是因为你们不够努力。我不知道你一天学习多少个小时，你能否拿一个你一天的作业时间表给我看看？我可以告诉你我是怎么学习的，如果是坐两个半小时到北京的飞机的话我至少是看两个小时的书。我这一辈子晚上没有打过牌、跳过舞、唱过歌，因此我才有进步。你要有时间表，从来没有神仙皇帝，也没有什么救世主，要靠自己努力才能提高自己的成绩。不是在那个坐标位置上才会进步，换一个坐标就不能进步，进步完全靠自己的内因变化，你说邓小平、毛主席谁创造了他们的进步？

员工：我们请了一些德国专家，在合作过程中我们内心有许多矛盾，为什么要尽听他们的？我们应该向德国专家学一些什么东西？

任正非：我认为小孩要先学会走路再去学跑，现在我们还是幼稚的，多向人家学一学，等你真正学透了以后，你就可以有思维了。先形式后实质，也是我们公司向外面学习的一个重要原则。我们在向 IBM 学习，如学 IPD 的过程中，从各部门调来一些人，开始也在批判 IBM，我将他们全部都赶走了。我们就是要好好向人家学，他就是老师，学明白了再提意见。一知半解就提意见，那是浮躁的。你提意见要提得很准确很细致，除非你很有经验。向人家学习也确实是痛苦的，华为公司就是在"左"和"右"的过程中走出来的。

员工：我感觉做市场像下棋一样，一步棋可能要比五步棋容易，五步棋能最终取得胜利。而如果说棋即将下完的时候，菜单命令我们不下棋了，或者菜单根本就换了，它不承认比赛结果，那么以后我们做市场的时候还要不要做长远考虑？对于我个人来说，为了我在华为公司的发展，我是该走三步棋还是走五步棋？

任正非：首先是主管领导都要有良好的意识和管理方法，大家按这个路能走到一个良好的地方。但这种保姆本身就不存在。世界一直是在变化的，如果你的主管水平低，不察觉，还一直走下去，满足了你的下棋，毁灭了公司的前程。他如果感觉到了，要及时调整是可以理解的。但调整时，他也不一定有水平，也许再走两步棋还会又调整你，挫伤了你的积极性。因此，要从两方面来解决，一是主管提高水平，一次就把事做对；或者调整时很慎重，一次就调整好。另外就是你要积极地思考，提出建议，加强沟通，真觉得走错了，就不必再走下去。

我认为每个员工要受得起挫折和委屈。历史上经常发生重大转折，在这种转折的时候，可能这个车子一转弯就甩出很多人，那么被甩出去的人怎么办？如果我们对被甩出去的人都加以无限的同情，那可能我们的车子也装不下了；但是我们不同情这些甩出去的人，我们也觉得不太道德。

从人力资源任职资格的评价来说，要考虑你前面五步棋所走的内容，就是要考虑你具备的能力。下一项工作，任职资格不要从头测评起，可以从中间第三步开始，应该给你一个肯定。这种错误是领导造成的，不应该由员工来负责，但作为员工本人也不要去计较这一点小小挫折，人生的路还长得很。

一生走得很顺利的人，你们要警惕一点，你们可能把华为公司拖进了陷阱，所以我和人力资源部不断讲话，讲这个原则，录用一个干部，最主要是要考虑这个人曾经是不是在外面受过重大挫折，而且这个人已经认识到这个挫折，已经改进了，我认为这是一种宝贵的财富。只是这番话经常传不到基层去。我在很多文章上都讲过，人的一生太顺利也许是灾难，你没有注意看，你注意看后你就会认为你受挫折是福而不是灾难。

员工： 当公司的一个产品进入了后期，但由于市场原因，这个产品的维护可能会长期存在。我就是这样一个产品的技术骨干，部门要给我一个维护专家的称号。作为这样一个专家未来的发展方向在哪里？

任正非：作为一个维护专家，你很光荣，专家专家，就是懂一两点是专家，懂得很多就不叫专家了。维护专家是产品生命周期中的一种现

象，在这个过程中总会出现一些维修专家。

维护专家的前途往哪里去？有两个前途，一个就是继续做这个维护专家，帮我们守住这个阵地，守到 20 年。占住这个位置，全中国就我一号种子，这是我的拿手活了。或者你守不了 20 年，只能守 1 年 2 年，那你就培养一个接班人，如果你的接班人能够接过你原来维护专家的班，你就可以努力学新技术、新产品，那你就可以走入新的产品领域成为新的专家，新的领域很广阔，随你怎么发展。第二个方面，觉得我守着这个产品时，个人技术水平在慢慢退化，不可能在新的技术上赶上新的成员，可以横向学习管理，逐步走上管理岗位，管理岗位主要是要懂管理，并不要求技术精通到专家水平。

专家有大有小，小的也是专家。因此这么看问题，你的出路是有的，你要努力学习，对自己的人生要规划好。

员工：我是中试试制中心的，我觉得我的工作没有成就感。我觉得我们部门定位非常不准，市场所有的发货都由我们来承担，市场的退货以及中研中试下达的大量的更改工作都是由我们来完成。说得很好，我们是要负责验证工作，但至今为止都没有开展起来。如果让试制工程师只是做发货和简单的更改的话，对谁来说都觉得很没有成就感。那么我们该向哪些方面努力？

任正非：人的一生要耐得住寂寞，每一个伟大的科学家，他在成长之前都是非常寂寞的，你们老是看到他的光辉，我就老看到他的寂寞，所以我们对人生的认识是完全不同的。你如果觉得这件事不光辉，换个光辉的事情做做，你可以到市场部签合同呀！太具体了，太刺激了。不过发给你的货都是试制中心干得不好的产品，刺激过后，是哭笑不得。

我认为你那里有巨大的空间，刚才你自己说的，很多工作都没有开展起来，很混乱，其实乱中就出英雄，你那儿混乱就有英雄用武之地，你那里会有许多机会可以让你站起来，你能不能去把这个规律理清楚？能不能做出一个数学模型来解决这个发货流程中的问题？做事的流程非常快，效率提高很多倍，你的成就感不就出来了吗？

不要追求青史留名，没有意义。你那个岗位是可以出英雄的地方，刚好老虎那么多，你都看不见，非要到景阳冈去打虎。

员工：谈一下爱护和引导员工的问题。这里面我举个事例：去年中试部有一个员工被辞退，辞退的原因之一是他的考评一直都是 C，二是他从来不参加工作之余的活动。这里我不明白，这个时间已经很长了，为什么领导没有去找他谈过。有一次他自评为 C 时，他的一个直接上司就说："正好我的 ABCD 还差一个。"对此您怎么看？

任正非：这就像 1957 年反右派，我们搞运动时指标差一个，谁去上厕所，那谁就是右派了，我们管理水平低的领导就是这样的。如果你描述的事实准确的话，那我认为你的主管领导水平太低，需要好好改正。但是华为公司不可能从一个低水平公司一下跳到似神仙管理的公司。所以这也要靠我们的员工，认为他不对可以沟通，沟通无效的时候，你也可以向我们投诉。我至少在社会上看见被我们华为公司辞退的员工，相当一些都是非常优秀的，因为这些人往往是优点突出、缺点也突出，缺点给逮住了，而优点领导没有看见。

我曾经在《致新员工书》的文章中有几句话，我说你们要尊重你们的主管领导，尽管你们的主管领导没有你有水平，如果你不尊重他，将来你也会做主管的，以后的员工也会不尊重你。为什么呢？后来者肯定比先来者优秀，如果说后来者都不如先来者，那这个社会不就完蛋了？肯定是长江后浪推前浪，所以你要尊重前任领导，搞好关系，使得不至于产生冲突和矛盾，让主管领导给你开一条小路，"嘟嘟嘟……"你就开过去了。你上去了，不归他领导了，还可以回过头来帮助他。如果你们总是这样傻乎乎的，直来直往，"我是很优秀的，你就不行"，然后人家就挡住道，就不让你这个车子过，石头你搬不开，你还是上不去。你要学会做人嘛，做人怎么会这么简单呢？所以我们有一些很优秀的员工，他们看待事物太简单了。有什么问题你可以向公司投诉，可以绕过他向很多部门投诉嘛。反正都要走了你还怕什么呢？

你可以给他提意见，但提意见要注意方式方法。公司发展这么快，他管理有错，也是必然的。为什么？他也适应不了这个发展。另外，由于我们公司历史很短，他也没有经验去驾驭，换你来做，你也未必就比他高明。你在旁观看得很清，等你上台以后，你也看不清楚，所以你要谅解他，然后帮助他去改。你帮他一起研究，一起去改，去调整。

我认为评C就很好，C也是优良。那一年我不就评为B，郑宝用评为C了吗？而且登报了，这个《管理优化》有案可证，我们最后也是按B和C拿的钱。那一年我是B，郑宝用是C，我管教李一男、郑宝用管得不好，我在北戴河自评是C，但后来孙亚芳他们死都不同意我是C，郑宝用做C就行了。因为当时我没有把郑宝用和李一男两人管好，他们两个人闹矛盾，我认为我作为主管领导是有责任的，所以我也打了C，但后来在他们的说服下，不想影响太大，那就B了。其实C也是挺好的，一个人受点委屈多评两次C有什么了不起？"文化大革命"还有很多老干部都评为"反革命"呢，还坐过几次牢，都"反革命"了还有什么C不C的，所以C也没有什么了不起。人生总是会有挫折的，挫折有时对你也是一种财富。

员工：如果主管对员工说现在考评有六级了，那我被评为 C 没什么关系，但如果说只有三级那被评为 C 就是最低了，心里就很不舒服。请问我们的考评等级到底是几级？考评的结果是否可以被随意更改？

任正非：考评等级并不重要，我认为重要的是考评的过程中他是怎样对待你的，而不重在划在哪个等级上。这个等级是人为设定的，愿意多设几级就多几级，少设几级就少几级，关键是他的考核过程是否公正，处理问题是否合适。

考评应该加强和大家的沟通，我认为你有缺点，就应该告诉你，作为一个领导告诉人家缺点有什么害怕呢？缺点不告诉人家，下次不改进，不改进还是使你的部门绩效降下来。所以各级不敢坚持原则的领导、明哲保身的干部是公司的陷阱。你可以用这句话跟他谈，"你这种干部不敢坚持原则，你明哲保身，你是公司的陷阱呀"，如果你这样说后下次要被打，你就到荣誉部喊冤，荣誉部给你调到另外一个部门。你把公司存在的问题暴露出来，你也立功了。

我讲话也只是通过一种传播去感染干部，当然感染干部也需要你来帮助，你要去帮助他沟通。这个领导实际上是个干活的领导，他把你打到 C，又不敢和你说，他只不过是不敢坚持原则，不敢撕破面子。这个人面子很重，但从你的角度来说，你要去总结，你为什么会被打 C 了，换了岗位，你要吸取教训，才不会被再打 C。

其实 C 也是公司的优秀员工，为什么一定要去争 A 呢？A 那么少。

员工：路标规划对于公司是一个很重要的工作，但我感觉路标规划在产品线的推动中不太受重视。就这个问题我们也经常和主管争执，我们写过一个案例准备在华为电气公告栏上张贴。我感觉公司不太重视这个问题，这导致我们路标规划的推动特别困难。我们该如何将这项工作开展下去？

任正非：那你敢不敢在《管理优化》上写一篇揭发他们的文章，把你的观点阐述出来？我认为你要考虑任何一个新生事物在企业的成长绝非那么顺利，任何一个旧的东西、传统都不会自动退出历史舞台，你以后能体验到这句话是非常深刻的。

你想要一个新东西吞掉一个老系统，你就要奋力呐喊。

没有路标指引造成将来的重复开发、产品系列化配套的不合理造成的经济损失和成本损失要远远大于我们现在很细微的改进。但我们细微的改进大家都看见了，一总结细微改进，就要涨工资，这是我们领导没水平。所以你要奋力去争，去培训他们，让他们认识到您的建议，要敢于去沟通，甚至叫他们请你吃饭，不请你就写个"小报告"，让他知道你要说的内容。我相信他们不是恶意地去阻挡你的推进，他们是还不懂。

员工：在 1998 年时，我们有一个产品测试正处于比较紧张的时候，我们的项目经理调离了岗位，不再搞测试，他在离开这个岗位的时候竟然大谈测试是怎么无前途等，就是测试无用论吧。但半年以后他又调回来了，而且还升职了。请问您对这种现象怎么看？

任正非：那你为什么不揭发他呢？多难得的一个机会。这就是你们的错误了，他最后如果让你穿小鞋，你就白穿了。

我认为每一个员工都要敢于坚持真理，但坚持真理的时候我们要有条有理，不要说"你有问题"，说这种话是不负责任的。他有什么问题，你要有条有理地向别人提意见。有些时候我们很幼稚，人家明明很正确，我们看不见，我们就拼命提人家的意见，后来事实证明人家是正确的，你就失去了一个超前学习的机会，所以我认为这也是你们的问题，不能怪上面的领导不英明。而现在我们华为公司总体还是民主的，当然民主的过程中也有穿小鞋的时候，你是金子总是会闪光的嘛。你只要敢坚持原则，原则就是要围绕公司的核心竞争力的提升来思考问题，而不是为了其他。

这个人调过来升不升职我不管，但是他说这个部门没有前途这个话，是煽风点火，当时你如果揭发他，他就不会有升迁的机会，再也不会给你穿小鞋了。他违背了公司核心竞争力的提升，这种人是投机分子。但是就因为你不敢揭发，使他漏网了，等你抓时，他已经改正了，所以再抓也没有用了。

员工：刚才说要进步就要敢于斗争，就是说是一个胆量的问题，那为什么大家没这个胆量？我认为这也是一个氛围的问题。我就是因为投诉多了被打成了 C，所以可能干不下去了。

任正非：缺乏胆量就要忍耐，忍耐也是光荣的。你没有胆量又不忍耐了，你就很难。敢于去面对错误的东西，努力去纠正他，又注意有效的工作方法，你就进步了。

如因投诉多而干不下去了，那你换一个工作岗位也是可以的。其实我们公司高层领导的自我批评开展得是很彻底的，只是你们不太清楚而已，高层领导的这种做法促使我们公司整个大环境总体比较好，但是我认为对你们来说首先要追求自己的进步，然后再要求别人也跟你一样进步。首先要求自己，不能处处去要求别人，天天盯着别人的缺点，而自己的缺点没有改进。其实你自己做得很优秀，自然也会被社会承认，即使一个主管不承认你，也会有很多人承认你。王杰死时大家也没说他是英雄，最后经过调查才变成了我们国家的英雄，因此你只要踏踏实实地完成你的工作，做出你的事情来总会被认可。如果你不断谈道理，而自己的工作又做得不好，可能你的考评以后还会变成 D，还会降下来。

员工：去年有一段时间，我的主管的最大工作绩效就是裁员，裁完之后他就升官了。我也被裁出来，我还很幸运，仍然是华为的一员。但另外有一个同事他就给裁走了，他工作表现不错，考评也一直很好，我认为他是公司的财富，走了对公司也可以算一个损失。我认为在我们那个部门华为文化算是被摧毁了不少，之后听说我们原来那个部门搞了一次春游都没有人去，大家都觉得很灰心。我感到公司有一些管理者只要是上面的指令，他就执行起来，然后就像我开始说的，他裁员裁完了就升官了。请问公司是如何对待裁员问题的？

任正非：我们做错了可以平反，荣誉部可以重新调查。但讲到这个裁员问题，大家一定要有一个心理准备。我们可能会不断地扩张，也会产生不断的裁员。因为整个环境是在大变化的，随时随地你们都可能会被裁掉，包括我自己在内。国外有非常多的大公司，总裁都会被裁掉，所以经济不好就会裁员，经济好就会扩张，这是新的劳动组合。当然我们是希望共同在一起奋斗，但不是以公司的生命终结来解决我们之间的团结。因此，我们要不断地自我批判、自我优化，提高组织效率，避免裁员的产生。

裁员的过程中，每个骨干可以向有关部门申诉，"我是什么样的骨干，我做过什么贡献，为未来能承担什么责任"。不要赌气，你愿意留在华为工作的话，你可以申诉，大家加强沟通，但是裁员是永远不可避免的。

自动降薪也是一样，我们的薪水如果只能升不能降的话，这个公司也是一个悲剧。

裁员时我们要友好，请人家吃顿饭，欢送欢送，送点礼品。我们不是有劝退指标吗？劝退最高可以送 12 个月的工资，我们有这些东西都是一种友好的表现，各级部门要善于理解公司这种友好的态度。以后还会裁员，这是毫无疑问的，这一点我们决不会向员工做太平的承诺，我们永远不会太平，是因为市场竞争太激烈，我们又不是强手。世界上没有人能保证我们是常胜将军，我们怎么能保证员工终身在公司工作呢？我们没有这个承诺保证。

所以我建议从现在开始，员工们都少一些主人翁意识，多一些打工心态，我到这个公司是打工来的，我要好好干，不好好干就会被裁掉。我说的是少一点，而不是没有，这也是针对一部分员工说的，他们的主人翁精神太强，进入公司后事事关心，但自己的本职工作做得不好，突然被主管调整，心里想不通，我这么爱公司，关心公司，这么把自己当主人。须知每个人在公司的工作地位是以本职工作做好来确定的。

员工：公司管理中很多地方动不动就罚款，您如何看待这个问题？

任正非：公司是人力资源部管政策，业务部门管干部。哪个部门能够随便制定政策来罚款？哪个部门可以制定政策降薪降职？他们也不要越权越位。除非是有过失，那降薪是很正常的，这是另外的问题。

我认为制定政策时不能这样随便，人家有一点不听话，不听话批评批评他，是可以理解的，降人家一级工资——人家涨一级工资多难呀，怎么这么残酷？

我们各级部门都要与人为友，我们已经在李一男的检讨书上表明了。我们辞退一个员工要好好辞退，请人家吃顿饭、谈谈话，告诉他"你这样工作，我们公司就搞不下去了"。他说改，那好，我给他一个改的机会；如果还是改不了，那改不了你走吧，走的时候我们再开个欢送会，大家一起吃顿饭，送点礼品。与人为友又不是我们哥们团结起来在这混饭吃，我请你走也是与人为友，但要好好请人家走，把人家整一顿是与人为友吗？要多考虑一下人家的利益，奖金我们多给人家算一点，要考虑人家出去以后的艰难。这样就是与人为友。

华为公司各层管理与人为敌是不对的，一定要与人为友，要真正与员工做朋友。我曾经讲过一句话，特别是干部部门要挺身而出，主管领导不喜欢的人，干部部门的人要与他做朋友，包括犯了错误的人。我们的干部部门不要这么爱憎分明。领导不喜欢的人，干部部门要多和他做做朋友，看看这个员工，可能是受了一些委屈，他和这个主管领导的性格可能金木水火土是相克的，我们就换一个领导，可能这个领导是火，火不是烧木吗？我们换成水，水就把木头漂起来了嘛。换个领导不就完了吗？干部部门调整一下、疏导一下，很多矛盾都可以解决，所以我们认为要与人为友，不要与人为敌，我们现在整个干部管理体系中太与人为敌了。

与人为友也不是指软弱无能，我认为各级干部部门都要好好地研究。

参考文献

REFERENCES

［1］维克多·弗兰克尔.活出生命的意义［M］.吕娜，译.北京：华夏出版社，2010.

［2］艾森·拉塞尔.麦肯锡方法［M］.张薇薇，译.北京：机械工业出版社，2010.

［3］文成蹊.应该读点心理学［M］.北京：中国工人出版社，2009.

［4］安德鲁·佐利，安·玛丽·希利.恢复力［M］.鞠玮婕，译.北京：中信出版社，2013.

［5］彼得·德鲁克.卓有成效的管理者［M］.许是祥，译.北京：机械工业出版社，2009.

［6］杨玉柱.华为时间管理法（修订版)［M］.北京：电子工业出版社，2011.

［7］杨玉柱.华为流程除冗的三个环节［J］.商界评论，2011.

［8］马晓晗.高情商团队的五项修炼［J］.培训，2008.

［9］赵涛.复原力：危机下的心理功课［J］.企业管理，2009.

［10］汪向东.死神的朋友［J］.当代文萃，2011.

［11］刘进强.职场情商，助你快乐工作［N］.成都商报，2007.

［12］史上最牛女秘书邮件单挑老板"邮件门"传遍外企圈［EB/OL］.(2006-04-25).http://news.sohu.com/20060425/n242980685.shtml.

［13］魔鬼经济学："学渣"比学霸更善于创业［EB/OL］.(2014-07-04).http://new.qq.com/cmsn/20140704/20140704018112.

［14］李尚义.情商——促你成功的动力系统和调节系统［EB/OL］.(2007-01-16).http://lishangyi1947.blog.sohu.com/29937846.html.

［15］极端情绪酿惨剧［EB/OL］.(2014-12-03).http://edu.163.com/14/1203107/ACH9I9VI00294M9N.html.

［16］阻碍我们提升的三大负面情绪［EB/OL］.(2012-08-23).http://www.xinli001.com/info/100001152.

［17］刘永炬.马云的自我之战与领导力盛衰［EB/OL］.(2011-09-07).http://www.ebrun.com/2011
0907/32504.shtml.

［18］陈珠芳.鱼和熊掌可以兼得——矛盾在管理艺术下的和谐［J］.华为人，2003.

［19］黄卫伟.从关注紧急的事到关注重要的事［J］.企业管理，2003.

［20］托尼·斯瓦茨.管理能量，而非时间［J］.哈佛商业评论，2008.

后 记

POSTSCRIPT

只有在自我管理基础上的努力，才能称之为努力。学会自我管理，不要让未来的你，讨厌现在的自己。

在《华为自我管理法》的写作过程中，作者查阅、参考了大量的文章、文献和作品，部分精彩文章未能正确及时注明来源及联系版权拥有者并支付稿酬，希望相关版权拥有者见到本声明后及时与我们联系，我们都将按相关规定支付稿酬。在此，深深表示歉意与感谢。

由于编者水平有限，书中不足之处在所难免，诚请广大读者指正。同时，为了给读者奉献较好的作品，本书在写作过程中的资料搜集、查阅、检索与整理的工作量非常巨大，需要许多人同时协作才得以完成，并得到了许多人的热心支持与帮助。在此感谢杨泽健、卢进伟、张丽美、文亮、陈仕文、孙才诗、田安辉、周晶等人，感谢他们的辛勤劳动与精益求精的敬业精神。